Raphael J. Bosch

Das Zeichen der Mauer

Eine Geschichte um Nostradamus

Raphael J. Bosch

Das Zeichen der Mauer

Eine Geschichte um Nostradamus

Haag + Herchen

Die Umschlagillustration stammt vom Autor.
Textillustrationen: Stiche im Besitz des Autors.
Amulett (S. 117): Anfertigung Goldschmiede A. Welker, Frankfurt am Main, Foto Georg Prager, Neu-Isenburg.

CIP-Titelaufnahme der Deutschen Bibliothek

Bosch, Raphael J.:
Das Zeichen der Mauer : eine Geschichte um Nostradamus / Raphael J. Bosch. – Frankfurt am Main : Haag u. Herchen, 1990
ISBN 3-89228-474-1

ISBN 3-89228-474-1

Produktion: R. G. Fischer Verlagsbüro, Frankfurt am Main
Satz: W. Niederland, Frankfurt am Main
Herstellung: Druckerei Ernst Grässer, Karlsruhe
Printed in Germany
Verlagsnummer 1474

INHALT

TEXTILLUSTRATIONEN

Babel invenit et Sculpsit.

1. Kapitel

DIE ABREISE

Es war in den dreißiger Jahren des fünfzehnten Jahrhunderts unserer Zeitrechnung. Ein junger Mann, er mochte Mitte zwanzig sein, stand im Keller eines ansehnlichen Bürgerhauses an einem breiten Tisch, der durch einige Kerzen erleuchtet wurde. Aus Kräutern, Blumenblättern, Gewürzen, Früchten, ausgelassenem Schweineschmalz und zerstoßenem Gestein bereitete er Arzeneien nach geheimen Rezepten seines Meisters, des bekannten Arztes und Sehers Doktor Michel Nostradamus. Er selbst hieß Gilbert, hatte das Studium der Philosophie, Medizin und Pharmazie bereits beendet und diente seinem Meister als Famulus, um von dessen Erfahrungen und Kenntnissen in der Heilkunde zu profitieren. Ohne es jemals ausgesprochen zu haben, wollte er auch die außergewöhnliche Fähigkeit seines Lehrers erlernen, das Vertrauen der Patienten zu gewinnen und ihnen Zuversicht einzuflößen.

An diesem Abend stellte Gilbert verschiedene Tees und Salben her, die er am folgenden Tage an leidende und gebrechliche Menschen in der Stadt verabreichen wollte. Nostradamus war verreist und würde erst in der folgenden Woche zurückkehren. Die Behandlung gängiger Erkrankungen konnte er Gilbert mit gutem Gewissen überlassen. Dieser war mit seiner Arbeit so gut wie fertig, als er oben die Haustür knarren hörte. Er ergriff einen auf dem Tisch liegenden Stein und schlich sich zur Treppe, um dem Eindringling den gebührenden Empfang zu bereiten. Doch seine Sorge erwies sich schnell als unnötig, denn er hörte die Stimme des Meisters: »Ich bin es, Gilbert, hat jemand nach mir gefragt? Bei schlechter Sicht sind mir gestern zwei Reiter gefolgt, die sich beim Näherkommen in Nebelschwaden auflösten. Ich bin sicher, daß mich jemand sucht, der nichts Gutes im Schilde führt.«

Gilbert nahm eine der Kerzen und beeilte sich, die Treppe nach oben zu steigen, um den Meister zu begrüßen. »Seid willkommen«, rief er Nostradamus entgegen, »in Eurer Abwesenheit hat sich nichts besonderes zugetragen, allerdings haben tatsächlich zwei Männer nach Euch gefragt. Sie wollten wissen, wo sie Euch finden könnten. Ich habe geantwortet, daß Ihr im Land unterwegs seid und erst kommende Woche heimkehren würdet. Daraufhin verabschiedeten sie sich sehr von oben herab, als ob sie mir das ›adieu‹ vor die Füße werfen wollten.«

»Ist das alles, was Du zu berichten hast?« fragte Nostradamus.

»Eigentlich ja«, erwiderte sein Famulus, »mir ist nur noch aufgefallen, daß sie so redeten wie die Leute in unserer östlichen Nachbarstadt.«

»Ich habe es mir gedacht, es mußte irgendwann so weit kommen«, knurrte der Meister böse, »schon lange habe ich in unserer Stadt, in der ich nicht geboren wurde, eine Reihe von Neidern. In ihren Gesichtern stand im letzten Jahr die reine Schadenfreude und kein Mitleid, als eine seltene Krankheit meine zwei Kinder und mein Weib hinwegraffte. Eine Genugtuung war es für sie, daß ich nicht hatte helfen können, nachdem ich anderen Orts so viele Menschen vor der Pest gerettet hatte. Aber mein Unglück reichte ihnen nicht, sie wollten mich vernichten. Deshalb haben sie mich bei der Inquisition, die in der Nachbarstadt residiert, verleumdet, und die Häscher der Inquisition haben versucht, mich einzufangen. Sie werden bald wieder an die Tür klopfen. Noch heute nacht muß ich fortreiten. Packt alles ein, was ich bei einer Reise von vielleicht acht Wochen zur Krankenbehandlung benötige. Ich selber werde meine Bücher, Schriften und Dokumente durchsehen. Was Anstoß erregen könnte, werde ich entweder verbrennen oder mitnehmen. Natürlich möchte ich gern wissen, was die hohen Herren mir vorzuwerfen gedenken. Ich stelle Euch frei, ob Ihr mir folgen wollt, sobald Ihr Näheres in Erfahrung gebracht habt. Ich werde im weißen

Turm auf Euch warten, der, wie Euch erinnerlich, eine halbe Tagreise in den Westen entfernt ist. Sollte ich einen Grund haben, vor Eurer Ankunft weiterzureiten, werdet Ihr im Turm über dem Türbalken eine Nachricht vorfinden.«

Kurz nach Mitternacht waren die beiden fertig. Sie begaben sich mit dem Gepäck über den Hof zum Stall und führten das Reit- und das Packpferd des Meisters heraus. »Bringt morgen das Haus in Ordnung«, sagte Nostradamus mit leiser Stimme, »hier habt Ihr genügend Geld, um ein gutes Pferd zu kaufen. Es ist ein Geschenk für Euch. Habt Dank für Eure guten Dienste und lebt wohl!«

Der Meister stieg auf und ritt, seinem Famulus noch einmal zunickend, aus dem vom Mondlicht nur schwach erleuchteten Hof hinaus. Sein Packpferd trottete selbständig hinterher. Mit beklommenem Herzen schaute Gilbert seinem Meister nach. Sonst war er ohne Furcht allein im Hause von Nostradamus geblieben, in dieser Nacht aber quälten ihn Sorgen und Ängste. Es brauchte nur herauszukommen, daß der Meister vorzeitig zurückgekehrt und alsbald wieder fortgeritten war, dann würde die Inquisition mit allen Mitteln, möglicherweise sogar mit der Folter, versuchen, von ihm den Aufenthalt des Flüchtigen zu erfahren. An Schlaf konnte er noch nicht denken. Um sich abzulenken, schaute er das restliche Schriftgut durch, verbrannte einiges, was ihm nicht geheuer war, und um die Kirchentreue seines Lehrers zu unterstreichen, legte er die Heilrezepte der heiligen Hildegard von Bingen sowie die auch von der Kirche gepriesenen Schriften des Albertus Magnus und des Thomas von Aquin an sichtbarer Stelle aus. Nachdem er die Asche aus dem Kamin säuberlich entfernt hatte, ging er schlafen. Wirre Träume durchzogen seinen Geist. Er sah, wie Nostradamus den weißen Turm verließ und an ihm vorbei zu Tal ritt. Als er sich umwandte, wuchsen vor ihm, wie von Geisterhand nach oben gezogen, Mauern aus dem Boden, die ihm den Weg versperrten. Manche von ihnen trugen Zinnen, andere hatten Fenster mit geschlossenen Läden. Ein Laden öffnete sich, und eine faustgroße Frucht, einem Pfirsich nicht unähnlich, wurde herausgeworfen. Er fing sie auf und spürte, daß sie weich und warm war, ja daß sich etwas in ihr bewegte, wie wenn das Blut die Adern durchpulst. Gerade wollte er sie in Augenschein nehmen, da schlug jemand mit einem harten Gegenstand gegen die Haustür, und er erwachte. Er reckte sich, und schon wieder vernahm er das ungeduldige Schlagen gegen die Tür. Es blieb ihm wohl nichts anderes übrig, als seine Kleider anzuziehen und aufzumachen.

Als Gilbert aus der Haustür herausschaute, wurde er von einem der beiden Männer, die ihn am Vortage besucht hatten, zurückgestoßen und an die Wand gedrückt. Der andere hielt ihm eine zugebundene und versiegelte Schriftrolle unter die Nase und schnarrte mit hämischer Stimme: »Das ist die Vorladung des Inquisitionstribunals für Doktor Michel Nostradamus, Ihr seid dafür verantwortlich, daß sie in seine Hände gelangt.« Während Gilbert die Rolle entgegennahm, traten noch drei Soldaten hinzu. Diese hielten ihn an den Armen fest, und die zwei Abgesandten durchsuchten das ganze Haus. Mit vollen Taschen, in die sie die aufgefundenen Bücher, Dokumente und Schriften ohne Prüfung hineingeworfen hatten, kehrten sie zurück. Die Soldaten ließen Gilbert los, und der Besuch ging mit der Beute aus dem Hause, nicht ohne dieses Mal deutlich »auf Wiedersehen« zu sagen.

Von Zweifeln geplagt, was zu tun und zu lassen sei, entschied sich Gilbert dafür, die Sache im Kreise der Familie zu besprechen. Er verschloß die Haustür und lief zum Hause seines Vaters, einem Notar am selben Ort. Dieser befand sich in einer wichtigen Verhandlung, so daß Gilbert zunächst nur seiner Mutter und seiner Schwester Nicole erzählen konnte, was sich in den letzten zwei Tagen zugetragen hatte.

Die Mutter war eine zierliche Frau mit wachen, ein wenig unsteten Augen. Sie redete immer als erste und legte ihre Meinung umfassend und mit so viel Nachdruck dar, als ob sie abweichende Auffassungen von vorneherein ausschließen wollte. Nicole, schon größer als die Mutter und vom Schick-

sal mit träumerischen Augen bedacht, pflegte sich erst dann zu äußern, wenn der Mutter wirklich nichts mehr einfiel. So war es auch jetzt. »Gilbert, ich weiß, daß Du Deinen Meister hoch in Ehren hältst«, nahm die Mutter den Faden auf, »und das mit Recht. Er ist ein Gelehrter und einer der besten Ärzte unseres Landes, der die Pest mit bewundernswertem Mut und Erfolg bekämpft hat. Viele Menschen verdanken ihm ihr Leben. Doch er hat wie jede Münze zwei Seiten. Man flüstert sich in unserer Stadt ganz merkwürdige Dinge über ihn zu. Du weißt selber, daß er ganze Nächte lang wach bleibt. Auf einem dreibeinigen Schemel soll er durch das Zimmer reiten, die Füße in einem Bottich, aus dem betörende Dämpfe aufsteigen. Der Satan, so sagt man, begleitet ihn auf seinem höllischen Ritt und offenbart ihm Schrecken und Unheil, die über die Menschen kommen sollen. Hinterher soll er seine Gesichte und ihre Deutung aufschreiben, um sie nicht zu vergessen. Die Abgesandten der Inquisition haben einen Teil seiner Aufzeichnungen mitgenommen. Du glaubst, sie seien harmlos. Du kennst die Inquisition nicht. Wo sie den Schwefel des Satans riecht, wird sie etwas finden, das Nostradamus als Ketzer ausweist, und unter der peinlichen Befragung wird er seine Schuld gestehen. Du siehst, in welch schrecklicher Gefahr er sich befindet. Willst Du nun Dein Schicksal an das seine ketten? Nur wenn Du auf der Stelle und endgültig mit ihm brichst, wirst Du vermeiden, in einen Feuerstrudel mitgerissen zu werden, aus dem es kein Entrinnen gibt. Betritt das Haus des Meisters nicht mehr, folge ihm nicht auf seiner Flucht, sondern bleib bei uns. Hier stehst Du im Schutz Deines Vaters, und auch ich werde mich vor Dich stellen, wenn die Häscher der Inquisition erscheinen.«

Bei den letzten Worten der Mutter trat der Hausherr ein und fragte erstaunt: »Was geht hier vor? Was habt Ihr mit der Inquisition? Seid Ihr von allen guten Geistern verlassen?«

Die Mutter ließ es sich nicht nehmen, alles noch einmal zu wiederholen, nämlich das, was Gilbert berichtet hatte, und das, was sie selber als ihre rasch und anscheinend gut durchdachte Meinung dazu gesagt hatte. Der Notar wiegte nachdenklich sein Haupt hin und her. »Es tut mir leid, Marianne«, wandte er sich an seine Frau, »ich kann Dir nicht beipflichten, daß Gilbert bei uns in Sicherheit ist. Wenn Gilbert seine Arbeit bei Dr. Nostradamus unvermittelt aufgibt, so kann das für das Inquisitionstribunal ein Zeichen sein, daß er ein schlechtes Gewissen hat und irgendetwas nicht stimmt, selbst wenn die Prüfung der beschlagnahmten Schriftstücke nichts hergeben sollte. Mit anderen Worten: er würde gleichzeitig sich und seinen Lehrer belasten. Das Tribunal würde ihm vorwerfen, er hätte versäumt, den Meister anzuzeigen, und er habe sich durch diese Unterlassung selber strafbar gemacht. Darum würde er sicher festgenommen, in den Kerker geworfen und vermutlich auch gefoltert werden, damit er sein vermeintliches Wissen preisgibt. Nein, Marianne, so gut gemeint Dein Vorschlag ist, er würde unseren Sohn in das Fangnetz der Inquisition fallen lassen, aus dem Du ihn, selbst wenn Du Klauen hättest, nicht mehr befreien könntest. In unserem Hause ist keine Bleibe für ihn. Wenn man nur sicher sein könnte, daß die Inquisition wirklich nichts Verdächtiges gefunden hat! Dann wäre es am besten, wenn Gilbert seinen Dienst weiter verrichten würde, als wenn nichts geschehen wäre...«

»Darf ich Dich unterbrechen?« fiel Gilbert seinem Vater ins Wort, »ich war mir zuerst im Zweifel, ob ich in der Stadt bleiben könnte oder Nostradamus folgen sollte. Inzwischen ist mir klargeworden, weshalb ich Euch noch heute verlassen muß. Denkt daran, daß der Meister in der vergangenen Nacht durch irgendein Stadttor, wahrscheinlich das westliche, geritten ist. Ein Wächter wird ihm das Tor geöffnet haben. Wenn sich nun herumspricht, daß der bekannte Arzt und Gelehrte von der Inquisition gesucht wird, was wird der Wächter tun? Er wird ihn anzeigen, weil er sich eine Belohnung verspricht und sich außerdem nicht schuldig machen will. Wie kann ich dann noch leugnen, daß ich meinen Meister in der Nacht gesprochen, aber unterlassen habe, die Inquisition von seinen

Fluchtplänen zu unterrichten? Ich wäre verloren. Also werde ich dem Meister folgen. Doch vorher möchte ich den Gerüchten widersprechen, die wir von der Mutter gehört haben. Es ist richtig, daß Nostradamus des Nachts auf einem dreibeinigen Schemel sitzt, die Füße in einem Bottich, der mit Wasser und wohlriechenden Essenzen aus dem Orient angefüllt ist. Wie in einem Traum sieht er Bilder, in denen sich seltsame Gestalten bewegen und Namen und Zahlen erscheinen. Aus diesen Bildern liest er die nahe und ferne Zukunft der Völker ab, zuweilen auch die schändlichen Taten, die weltliche und kirchliche Fürsten geheim oder offen verüben werden.«

»Hör auf!« rief der Vater dazwischen. »Wir glauben Dir, daß Dein Lehrer alles in bester Absicht tut. Es mögen sogar göttliche Sendboten sein, die seinen Geist in uns sonst verschlossene Gefilde entführen. Die Inquisition wird ihm Zauberei zum Vorwurf machen und in der einen oder anderen Frage eine Verletzung der unfehlbaren Lehre der Kirche nachweisen. Du mußt fort von hier, doch trenne Dich von ihm.«

»Was soll ich denn ohne ihn anfangen?« fragte Gilbert, »wenn ich so bekannt wie er selber wäre, könnte ich in jedem Land mein Geld verdienen. Ich habe zwar schon sehr viel von ihm gelernt, aber die Leute werden mir als jungem Arzt nicht viel zutrauen.«

Jetzt erst hielt Nicole den Augenblick für gekommen, sich an der Unterhaltung zu beteiligen. »Du mußt Dir einen Vollbart wachsen lassen, wie ihn Nostradamus trägt«, warf sie ein, »bestimmt gewinnst Du damit das Vertrauen der Leute, und die Mädchen werden sich nach Dir umdrehen, weil Du viel männlicher ausschauen wirst.«

Der Vater und Gilbert brachen gleichzeitig in ein Gelächter aus, die Mutter lächelte nur und blickte Nicole wegen ihrer vorwitzigen Bemerkung tadelnd an. »Ob mit oder ohne Bart«, sprach der Vater zu Gilbert, »Du kannst einen mir gut bekannten Arzt in einer weit entfernten Stadt aufsuchen, der wird Dir weiterhelfen. Einen Brief werde ich Dir mitgeben. Und mein Pferd kannst Du Dir nehmen, es ist ausdauernd und schnell.«

»Ich danke Dir und nehme beides gerne an«, erklärte Gilbert, ich will mich nun darum kümmern, wie ich ungesehen aus der Stadt herauskomme. Meinen Freund Yves werde ich bitten, mit Deinem Pferd auf der Straße nach Westen so weit zu reiten, daß er vom Stadttor aus nicht mehr gesehen werden kann. Ich werde zu Fuß dorthingehen, ohne daß man meine Flucht bemerkt.«

»Zu meinem Erstaunen muß ich erkennen, daß mein Sohn zum Abenteurer geboren ist«, entgegnete der Vater. »Sei vorsichtig, Gilbert. Während Deiner Abwesenheit möchte ich versuchen, durch Freunde in Erfahrung zu bringen, ob gegen Deinen Lehrer, vielleicht auch gegen Dich ein Verfahren eröffnet wurde. Über das Ergebnis werde ich Dir eine Nachricht zukommen lassen, und zwar über den mir bekannten Arzt.«

Gilbert ging eilends hinaus, um seinen Freund aufzusuchen und für seinen Plan zu gewinnen, die Mutter begab sich verstört in die Speisekammer, um Verpflegung für die unerwartete Reise zusammenzustellen, und Nicole lief in den Stall, um das Pferd ihres Vaters zu satteln. Dieser schritt unterdessen im Zimmer auf und ab und verfluchte die Inquisition, die es wagte, ihre blutigen Fangarme nach seinem unschuldigen Sohn auszustrecken.

Nach geraumer Zeit kehrte Gilbert mit einem Sack zurück, in dem sich etwas Schweres und Unförmiges befinden mußte. Jede Erklärung hierzu lehnte er ab, sondern bemerkte lediglich, daß alles in Ordnung gehe und Yves das Pferd in Kürze abholen werde. Er umarmte seine Eltern und nahm Nicole bei der Hand. »Du könntest mir zum Abschied die Tasche mit der Verpflegung eine kleine Wegstrecke tragen«, sagte er zu ihr mit nassen Augen. Gemeinsam verließen die Geschwister das Haus des Notars.

Die beiden überquerten rasch eine belebte breite Straße und bogen in eine enge dunkle Gasse ein, in der sie weder Freunde oder Bekannte noch Verwandte hatten. Sie wollten möglichst von niemandem gesehen und schon gar nicht angesprochen werden. Es währte nicht allzu lange, und sie erreichten die

Stadtmauer. Auf einer steinernen Treppe stiegen sie nach oben zum überdachten Wehrgang, von dem man angreifende Feinde beschießen und mit heißem Pech übergießen konnte. Gilbert griff in den Sack und hob zur Überraschung seiner Schwester ein langes dickes Seil heraus. Dieses befestigte er an einem Ende mit einem Knoten im Gebälk des Wehrgangs, das andere Ende warf er zusammen mit dem Sack und der Verpflegungstasche über die Mauer. »Leb wohl, kleine Maus«, sagte er zu der fast erwachsenen Nicole und strich ihr mit der Hand über den Kopf. Dann ergriff er das Seil und ließ sich hinab in die Tiefe, öffnete, unten angekommen, die Tasche, nahm einen Apfel heraus und schleuderte ihn so geschickt in die Höhe, daß Nicole ihn auffangen konnte. »Knüpfe bitte das Seil los, ich muß es draußen irgendwo verstecken«, rief er seiner Schwester zu. Diese legte den Apfel auf die Mauerbrüstung und machte sich an die Arbeit. Sie grub ihre zarten Finger in den Knoten, der wollte jedoch nicht aufgehen, zu fest hatte er sich durch Gilberts Gewicht zusammengezogen. Verzweifelt schloß sie die Augen und nahm alle ihre Kräfte zusammen. Eine Schlaufe schien sich zu lockern, als sie ein Rauschen in der Luft vernahm. Sie schaute auf, und siehe da, ein Rabe hatte sich just neben dem Apfel niedergelassen. Ein Stück nach dem anderen pickte er heraus. »Laß ihn picken«, sagte sich Nicole, und mit einer letzten Anstrengung riß sie den Knoten auseinander. Wie eine Schlange glitt das Seil über die Mauer und verschwand nach unten.

Nicole atmete auf. Wahrlich im letzten Augenblick hatte sie es geschafft, denn sie hörte langsame schlürfende Schritte auf dem Mauerumgang. Eine schwarze Gestalt wurde sichtbar. »Weglaufen macht dich verdächtig«, dachte Nicole und trat zwei Schritte auf den pickenden Raben zu. Der ließ sich überhaupt nicht stören. Sie versuchte, sich mit dem Vogel zu unterhalten, aber nun näherte sich die Gestalt, und erleichtert erkannte Nicole ihren eigenen Pfarrer mit einem Buch in der Hand. »Was tust Du auf der Stadtmauer?« rief er ihr zu. Den eigentlichen Anlaß konnte sie unmöglich aufdecken. Wer konnte wissen, ob nicht die Inquisition den Herrn Pfarrer bereits für ihre Zwecke eingespannt hatte? Also antwortete sie ihm nur: »Hochwürden, ich fange einen entflogenen Raben ein.«

»Ein schönes Tier, mir gefällt er«, gab der Pfarrer zurück, »wie heißt er denn?«

»Er heißt, er heißt«, stammelte Nicole, »er heißt Rabbi, komm zu mir, Rabbi, komm«, und sie streckte ihren Arm aus. Sie traute ihren eigenen Augen nicht, als der Rabe den Apfel Apfel sein ließ und ihr schnurstracks auf die Schulter flatterte. Er war augenscheinlich schon von jemand anderem gezähmt worden und an Menschen gewöhnt. Vielleicht hatte sie auch sein Zutrauen gewonnen, weil sie ihm den Apfel großmütig überlassen hatte.

»Rabbi ist sein Name?« fragte Hochwürden zweifelnd, »das wäre doch ein Gelehrter, ein Weiser. Na ja, ein schönes schwarzes Kleid, das paßt zu der Gelehrsamkeit«, und bei diesen Worten blickte er verstohlen an seinem schwarzen Rock hinab. »Willst Du mich nicht begleiten?« fuhr er fort, »mein Weg führt mich ohnehin in die Nähe Eures Hauses.«

Während Nicole mit dem Raben auf der Schulter neben dem Pfarrer einherging, dachte sie an ihren Bruder. Er würde mit Nostradamus durch das Land ziehen, Städte und Burgen besichtigen und dabei viel Gutes tun. Das würde ihr auch gefallen. Dem Pfarrer aber durfte sie um Himmels willen nichts davon erzählen. Ihm sagte sie nur, daß sie gerne Medizin studieren würde. Er lächelte und meinte, das wäre nichts für junge Mädchen. Dann trennte er sich von seiner jungen Begleiterin.

Gilbert hatte, wie wir wissen, seinen Eltern nicht gesagt, wie er die Flucht bewerkstelligen wollte. Deshalb hielt Nicole es für ratsam, ihrerseits zuhause nichts zu verraten. Die Eltern drangen auch nicht in sie, und das sollte sich sehr bald als richtig erweisen. Sie wehrten sich allerdings dagegen, den Raben mit ins Haus zu nehmen, er würde Schmutz und Unordnung machen. Nicole versprach, ihn zu erziehen. Das half nichts. Schließlich behauptete sie, der Vogel sei ein Andenken an Gilbert, was, wenn man es nicht zu genau nahm, auch nicht unrichtig war. Gegen dieses Argument waren die Eltern machtlos.

Nicht lange danach hörte die Familie ein Klopfen an der Haustür. Der Vater hoffte, Yves sei zurückgekehrt, doch er täuschte sich. Es waren die zwei Abgesandten der Inquisition, die um Einlaß baten. Der Notar ging voraus in sein Arbeitszimmer und fragte die Besucher nach ihrem Begehr. »Im Namen der Inquisition«, hub einer der beiden Männer an, »wir suchen Dr. Michel Nostradamus und Euren Sohn. Nostradamus war, wie wir hörten, nachts in der Stadt. Er ist uns entflohen. Wir haben guten Grund zu der Annahme, daß er seine Flucht mit Eurem Sohn besprochen hat. Euer Sohn ist nicht mehr im Hause seines Meisters. Er hält sich bei Euch versteckt. Gebt ihn heraus!«

»Meine Herren«, gab der Notar zur Antwort, »ich kann mir beim besten Willen nicht vorstellen, daß mein Sohn sich schuldig gemacht haben könnte. Ich weiß auch nicht, wo er sich derzeit befindet. In diesem Hause ist er auf keinen Fall. Das muß Euch genügen.«

»Es tut uns leid«, erwiderte der Mann der Inquisition, »wir müssen Euer Haus durchsuchen, Herr Notar.«

»Ihr glaubt mir nicht?« brauste der Notar auf, »das ist beleidigend. Wo ist die Anordnung, die Euch zu der Durchsuchung berechtigt? Ihr habt sie nicht, Ihr könnt sie gar nicht haben. Verlaßt auf der Stelle mein Haus!«

Beim Hinausgehen bemerkte der andere Mann: »Herr Notar, Euer Sohn hat die Stadt nicht verlassen. Sorgt dafür, daß er sich bei uns meldet, sonst macht er die Sache noch schlimmer.«

»Wenn ich ihn sehe, werde ich mit ihm reden«, entgegnete der Notar und ließ die Tür ins Schloß fallen.

Erst kurz vor Sonnenuntergang pochte es wieder an die Haustür des Notars. Es war Yves, der mit festem Schritt, wenn auch etwas abgehetzt hereinkam. Nicole bestürmte ihn zu erzählen, ob die Flucht gut geklappt habe, und als auch ihre Eltern anwesend waren, berichtete er: »Es ist alles gut gegangen. Am westlichen Stadttor haben Soldaten zwar sämtliche Reisenden genau in Augenschein genommen, bei mir aber keinen Verdacht geschöpft. So bin ich unbehelligt eine Weile weitergeritten, bis ich an einen Eichbaum gelangte. In seinem Schatten habe ich auf Gilbert gewartet. Ich muß eingeschlafen sein, da er mich plötzlich geweckt hat. Er war frohgemut und lachte wie nach einem gut gelungenen Jungenstreich. Mittlerweile wird er über alle Berge sein. Ich selber habe, als ich zurückging, einen großen Umweg gemacht und die Stadt durch das Südtor wieder betreten. Ich bin sicher, daß die Inquisition von meiner erfolgreichen Mission nichts gemerkt hat.«

»Wir danken Euch von Herzen«, sprach der Notar, »die erste Hürde hat Gilbert mit Eurer Hilfe genommen. Jetzt muß er zusehen, wie er sich mit oder ohne Nostradamus durchschlägt. Der Allmächtige möge ihm beistehen, daß er, sobald die Gefahr vorüber ist, gesund zu uns zurückkehrt.«

2. Kapitel

DER LANGE WEG

Auf staubiger Straße ritt Gilbert in schwüler Mittagshitze seinem Ziel, dem weißen Turm, entgegen. Die Sonne verdunkelte sich nach und nach. Reiter und Fuhrwerke kamen ihm entgegen, doch niemand überholte ihn. Stunden waren vergangen, als er endlich von der Straße auf einen Feldweg abbog. Dieser führte ihn an halb verfallenen, doch weiter bewohnten Bauernhäusern vorbei in eine hügelige Waldlandschaft. Beinahe unkenntlich wurde der Weg. Er war mit Gräsern und kleinen gelbblütigen Stauden überwachsen, nur hier und dort konnte man alte Fahrspuren ausmachen. Das Pferd begann zu schnauben, wohl wegen der Steigung, die es im Walde zu überwinden galt. Grauweiße Wolkenberge ließen nur noch wenige Sonnenstrahlen hindurch, und Gilbert trieb das Pferd zur Eile an. Schließlich blinkte das Weiß des Turmes durch die Baumstämme. Nach den Eindrücken im Boden mußte der Meister hier geritten sein, zu hören oder zu sehen war allerdings nichts von ihm und seinen zwei Pferden. An einer Fichte neben dem Turm machte Gilbert sein eigenes Pferd fest. Die Tür zum Turm stand halb offen. Gilbert trat ein und horchte, nichts regte sich. Er faßte innen über die Tür und fuhr mit den Fingern am Balken entlang, jedoch nur Staub fiel ihm ins Gesicht und auf seine Kleidung. Seltsam, sollte Nostradamus sein Versprechen nicht gehalten haben? War er verfolgt worden und deshalb nicht in der Lage gewesen, eine Nachricht zu hinterlassen? Aber die Inquisition konnte ihn unmöglich eingeholt haben.

Enttäuscht und voll Sorge nahm Gilbert mehrere Stufen auf einmal, um über die dunkle Treppe in einen Raum zu gelangen, in dem ein Fenster den Blick über die Wälder und Felder der Umgebung freigab. Der Fußboden bestand aus rohen schweren Brettern, und mit sicherem Griff hob Gilbert zwei von ihnen an ihren Enden hoch. Da lagen zwischen Sand und Spreu die wertvollen Schriften, Dokumente und Bücher des Meisters, säuberlich geordnet nach den Wissenschaftszweigen und Lehren, die sie betrafen, und auch das, was der Meister bei seiner nächtlichen Abreise mitgenommen hatte, war vorhanden. Eine für Gilbert bestimmte Mitteilung war indessen nicht zu entdecken. Er drückte die Bretter wieder an ihren Platz, stieg nachdenklich die Treppe hinab und setzte sich in der Mitte des Eingangs nieder.

Noch niemals in seinem Leben hatte er sich so verlassen gefühlt. Während seines Studiums lebte er fern von der Familie in einer fremden Stadt, doch nicht einsam. Er hatte Freunde und konnte, wenn auch in einer mehrtägigen Reise, jederzeit nachhause zurückkehren. Nun hatte er seinen Meister verloren und war durch die Inquisition von einer Heimkehr abgeschnitten. Bei allem Überlegen verblieb ihm lediglich der Ausweg, auf eigene Faust in der Fremde seine ärztlichen Dienste anzubieten. Das war ihm unangenehm, denn würden ihn die Leute nicht wegen seiner Jugend zum Teufel jagen? Er müßte auf sich gestellt auch noch sehr viel weiter reiten, um nicht sogleich von seinen Feinden aufgespürt zu werden. Und was war mit den Arzeneien? Sollte er sie von einem Apotheker herstellen lassen? Das wäre reichlich kostspielig. Notfalls müßte er in diesen sauren Apfel beißen, er hatte ja das für ein Pferd bestimmte Geld von Nostradamus bisher nicht ausgegeben. Das war ein Lichtblick. Er atmete zweimal tief, ballte die Fäuste und sagte zu sich: »Du mußt es schaffen, wozu hast Du eigentlich so viel studiert und gelernt? Du darfst nicht aufgeben, und schon gar nicht wegen der Inquisition, die Dich zu Unrecht verfolgt!«

Die ersten schweren Tropfen fielen vom Himmel. Am liebsten wäre Gilbert über Nacht im Turm geblieben, jedoch konnte er sein Pferd im Unwetter nicht draußen stehen lassen. Es hätte sich sehr bald losgerissen. Und durch die Tür ging das Tier auch nicht. Er erhob sich, streckte seine Glieder und war dabei, die Tür zu schließen, da fegte eine Windbö durch den Turm und wirbelte ein kleines Stück Pergament durch die Luft. Vor seinen Füßen fiel es zu Boden. Er bückte sich, nahm es auf und las:

»Das Wetter wird schlechter,
ich reite voraus, komm mir
auf der Hauptstraße nach,
nimm die nächste Abzwei-
gung nach links, sie führt
Dich bis zum Fluß. Dort
liegt ein Dorf, im ersten
Bauernhaus frage nach mir.«

Nostradamus hatte ihn also nicht im Stich gelassen. Wie konnte es aber geschehen, daß ihm das Pergament entgangen war? Vielleicht hatte es ein Luftzug in eine dunkle Ecke befördert? Das Rätsel würde wohl niemals aufzuklären sein.

Gilbert schloß die Tür, saß auf und ritt in den stärker werdenden Regen hinein. Auf dem feuchten und abschüssigen Boden kam das Pferd nur langsam vorwärts, erst als es die Hauptstraße erreicht hatte, wagte Gilbert einen leichten Galopp. Es war nicht schwer, der beschriebenen Route über die Abzweigung zu folgen. Die Nacht war noch nicht eingebrochen, aber die Landschaft nach wie vor in einen grauen Regenschleier gehüllt, als Gilbert von Kopf bis Fuß durchnäßt das erste Haus des Dorfes erreichte. Der Bauer trat vor die Tür und zeigte Gilbert ein in der Mitte des Ortes liegendes etwas größeres Gebäude, dort würde er den Meister finden. Gilbert trabte hin, schwang sich vom Pferd und öffnete die Haustür. In dem von zwei kleinen Fenstern schwach erleuchteten Raum war die Sicht durch Rauchschwaden behindert. In der Mitte schwelte auf einer Feuerstelle ein glühender Holzstoß, der Rauch zog nach oben und entwich allmählich durch ein Loch im Dach. Jetzt erkannte Gilbert eine Reihe von schwarzen Gestalten, die, auf dem Lehmboden oder auf Bänken sitzend, sich nach ihm umdrehten. Eine von ihnen erhob sich. Gott sei Dank, es war Nostradamus. Er klopfte Gilbert auf die Schulter und sagte freundlich zu ihm: »Gut, daß Ihr da seid, ein wenig später, als ich vorausberechnet hatte. Ich begleite Euch außen herum zum Stall. Reibt das Pferd ab, dann trocknet Euch am Feuer.«

»Beinahe wäre ich überhaupt nicht hierhergekommen«, entgegnete Gilbert, »ich hatte Eure Nachricht auf dem Balken zuerst nicht gefunden, doch ein Windstoß wirbelte sie hoch, als ich die Turmtür schließen wollte.«

Nostradamus blieb stehen. »Entschuldigt, das war ein Fehler von mir«, bekannte er, »ich habe das Pergament mit einem abgebrochenen Zweig beschwert, das war anscheinend nicht ausreichend. Der Fehler hätte verhängnisvolle Folgen haben können.« Die beiden gingen weiter, und Nostradamus öffnete das Tor zum Stall. In diesem Augenblick sprang ihnen aus der Richtung, wo die Pferde des Meisters angebunden waren und sein Gepäck am Boden lag, ein junger Bursch entgegen. Er stieß Nostradamus zur Seite und wollte hinauslaufen, Gilbert aber stellte ihm geistesgegenwärtig ein Bein, so daß er lang hinschlug und stöhnend liegenblieb.

»Er hat mein Geld gesucht und nichts gefunden«, sprach der Meister unbeeindruckt, »die Leute sind sehr arm hier, laßt uns nachsehen, ob er sich verletzt hat.«

Sie stellten den jungen Mann auf die Beine, während dieser schmerzverzerrt auf seine herunterhängende rechte Hand blickte. Wie sich herausstellte, war sie gebrochen. Immerhin hatte der Bursche Glück im selbst verschuldeten Unglück. Zwei Ärzte waren zur Stelle, die seine Hand kunstgerecht schienten und verbanden. Nostradamus und Gilbert schauten ihm nach, wie er halb benommen durch das Dorf taumelte. Als er außer Sicht war, begaben sie sich wieder ins Haus. Dort hatte man sicherlich die Geräusche aus dem benachbarten Stall vernommen, fragte indessen nicht danach. Gilbert durfte sich in die Nähe der Glut setzen und erhielt eine Tonschale mit einer lauwarmen, wenig schmackhaften Suppe aus Wasser, Mehl und Kräutern. Irgendjemand von der Bauernfamilie merkte, daß er nicht gewohnt war, eine Suppenschale auszuschlürfen, und so gab man ihm einen hölzernen Löffel, dem man den vorhergehenden Gebrauch sehr deutlich ansehen konnte. Lächelnd benutzte ihn Gilbert.

Der Bauer bedrängte seine beiden Gäste, gemeinsam mit seiner Familie und dem Gesinde im großen Raum mit der Feuerstelle zu übernachten, er würde es sich zur Ehre anrechnen, wenn sie auf der Bettstelle schlafen würden, die sonst er und seine Frau benutzten. Nostradamus lehnte höflich für sich und seinen Gefährten ab, sie würden den kühleren Stall bevorzugen. Nun ließ es sich der Bauer nicht nehmen, den Fremden im Stall ein Strohlager zu bereiten.

Bei Sonnenaufgang wurde es im Bauernhaus lebendig. Auch die zwei Schläfer im Stall erwachten. Sie hatten eine unruhige Nacht verbracht, nicht wegen der Pferde und einiger Kälber, die sich hin und wieder bewegten, nein, das Ungeziefer war es, das die Nachtruhe empfindlich gestört hatte. Salben und Pulver, mit denen sich Nostradamus und Gilbert zu schützen versucht hatten, verloren im Laufe der Nacht ihre Wirkung, so daß sich Wanzen, Flöhe, Läuse und andere Plagegeister an ihre Opfer heranwagten. Zerstochen und vielfach gebissen standen die beiden auf.

»So schlimm wie in diesem Stall wäre es in der schlechtesten Herberge nicht gewesen«, meinte Gilbert, während er sich die zahllosen roten Punkte auf seinen Händen betrachtete. Nostradamus nickte: »Damit mögt Ihr recht haben, doch eine Herberge dürfen wir vorläufig nicht aufsuchen. Für die Späher der Inquisition ist es das Nächstliegendste, die Herbergswirte nach uns auszuforschen. Wenn es nicht regnet, werden wir heute die Nacht im Freien verbringen und morgen versuchen, die nächste große Stadt zu erreichen. Ich denke, dort wird man uns nicht so schnell aufstöbern.«

Die beiden schliefen in der folgenden Nacht auf weichem Waldboden und erwachten am Morgen sehr viel frischer als einen Tag zuvor im Stall. Sie hielten sich weiter an die neben dem Fluß verlaufende Hauptstraße, durchquerten mehrere

Ortschaften und gelangten bereits am Nachmittag in die große Stadt, die über eine breite Flußmündung Zugang zum Meere hatte. Nostradamus war guter Dinge. Er kannte und liebte die Stadt mit ihrem Hafen und den zahlreichen häufig von weit her kommenden Segelschiffen. Freunde hatte er hier genug, die er besuchen konnte. Sie ritten in ein Viertel mit prächtigen mehrstöckigen Bürgerhäusern und hielten vor einem derselben, aus dessen Hofeinfahrt gerade ein vierspänniges Fuhrwerk, beladen mit dicken Ballen, rumpelnd herauskam. Es machte einen großen Bogen und gab den Blick durch die Einfahrt in den Hof frei. In dessen Mitte ließ ein steinerner Brunnen eine Fontäne sechs bis sieben Ellen in die Höhe schießen. Die zwei Reisenden stiegen ab und betraten mit ihren Pferden den Hof. Gilbert bestaunte den Brunnen, in dessen Becken sich seltene Fische tummelten, und an diesem Tage sollte er sich noch über andere Dinge sehr wundern.

Es währte nicht lange, da ging eine Tür auf. Ein junger Mann lief herbei, um die Pferde in Empfang zu nehmen, und hinter ihm erschien mit ausgestreckten Händen ein vornehmer beleibter Herr. »Welche Freude«, rief er, »der Meister ist wieder im Lande! Hoffentlich werdet Ihr eine Weile bei uns bleiben, ich bitte Euch darum.«

»Die Freude ist gleichermaßen auf meiner Seite«, erwiderte Nostradamus und schüttelte die Hände seines Freundes. Zu Gilbert gewandt fuhr er fort: »Ich habe versäumt, Euch zu sagen, daß wir den hoch angesehenen Kaufmann Ronsard und seine Familie besuchen, und Euch muß ich auch vorstellen: Dies ist Gilbert, mein Famulus.« Hier stockte der Meister und schaute seinen Gehilfen durchdringend an. Dann sprach er langsam und betont: »Ab heute ist dies mein Kollege, mit vollem Namen heißt er Gilbert de Villanova, Doktor der Medizin, er begleitet mich auf einer weiten Reise, deren Ziel sich außerhalb der Grenzen unseres Landes befinden wird.«

»Oh, welch klingender Name, de Villanova« sagte Kaufmann Ronsard ganz entzückt, »seid Ihr vielleicht verwandt mit Arnold de Villanova, einem berühmten Arzt, der vor, wenn ich recht erinnere, zweihundert Jahren den englischen König beraten hat?«

»Ganz recht«, gab Gilbert zur Antwort, »er ist mit mir verwandt und mein Vorbild, wenn ich einmal von Doktor Nostradamus absehen darf. Wißt Ihr auch, daß von meinem Verwandten die bekannte Empfehlung stammt: ›Post coenam stabis aut passus mille meabis‹ oder ›Nach dem Essen sollst Du ruh'n oder tausend Schritte tun‹?«

»Sieh an, nein, das war mir nicht bekannt, ich werde es mir merken«, gab der Kaufmann zurück, »und Ihr habt mich wirklich charmant daran erinnert, daß ich ein miserabler Gastgeber bin. Nach der Reise sollt Ihr bald eine Stärkung bekommen. Laßt Euer Gepäck auf den Pferden, es wird Euch später gebracht. Wir gehen ins erste Stockwerk, wo meine Familie wartet.«

Auf einer breiten Treppe ging der Kaufmann voran, Nostradamus und Gilbert schritten nebeneinander hinterher. Gilbert versuchte vergeblich, einen Blick des Meisters aufzufangen und aus ihm, wenn auch im Flüsterton, eine Erklärung herauszulocken, weshalb er so unerwartet als Kollege behandelt wurde. Nostradamus schaute starr gerade aus und wollte augenscheinlich nicht reden.

Oben stand in einer weit geöffneten Doppeltür die Dame des Hauses, umgeben von einer fünfköpfigen Kinderschar. Frau Ronsard hieß Nostradamus willkommen und ließ sich seinen Begleiter vorstellen, den die Kinder derweil mit unverhohlener Neugier musterten. Man begab sich in einen kleinen Saal, und während das Kaufmannsehepaar und der Meister über gemeinsame Bekannte und frühere Erlebnisse sprachen, hatte Gilbert genügend Gelegenheit, sich umzusehen. Den Fußboden bedeckten quadratische Ziegelfliesen, an den Wänden waren kostbare Stofftapeten gespannt, und die Decke des Raumes bestand aus dunklem Eichenholz. In der Mitte hing ein sechsarmiger Messingleuchter herab, einarmige Wandleuchter sowie zweiarmige Tischleuchter, die auf einer geschnitzten Truhe bereitgestellt waren, konnten die Beleuchtung bei Dunkelheit vervollständigen. Jetzt drang von der Straßenseite her durch drei große mit Butzenscheiben verglaste Fenster noch genügend Licht herein. An der gegenüber liegenden Seite stand ein kastenförmiger Ofen mit einem mächtigen Aufsatz. Sophie, die älteste Tochter, merkte, daß die Blicke Gilberts an dem Ofen hängen blieben, und forderte ihn auf, ihn sich aus der Nähe zu besehen. Das lohnte sich in der Tat. Die Seiten des Ofens waren vollständig mit Kacheln belegt, auf denen bunte Landschaften und Figuren reliefartig hervortraten.

Der Kaufmann gesellte sich zu Sophie und Gilbert. Er war sichtlich stolz auf seinen Ofen. »Er gefällt Euch, nicht wahr?« sprach er zu seinem jungen Gast, »ich habe mir die Kacheln aus dem Ausland beschafft. Solltet Ihr irgendwann einmal Bedarf haben, wäre es mir ein Vergnügen, Euch behilflich zu sein.« Gilbert bedankte sich höflich, nicht ahnend, daß dieses Angebot später für ihn von Bedeutung sein würde.

Frau Ronsard und Nostradamus waren inzwischen ebenfalls hinzugetreten, und der Meister ergriff das Wort: »Die Kacheln sind unvergleichlich schön, ich kenne niemanden in dieser Stadt, der Ähnliches sein eigen nennt. Doch versteht, daß wir auf unserer Reise andere Sorgen haben. Ihr habt, mein Freund, in Eurem Lager, wenn ich mich nicht täusche, wertvolle Tuche. Würdet Ihr mir schwarzes Tuch verkaufen? Ich möchte mir gern einen Rock und einen Mantel machen lassen. Das Gleiche gilt für meinen Kollegen. Und wenn Ihr mir einen guten Schneider nennen könntet, wäre Eure Güte vollkommen.«

»Nichts lieber als das«, rief der Kaufmann aus, »aber wir wollen endlich mit dem Essen beginnen«, und er klatschte laut in die Hände.

Beflissene Bedienstete beiderlei Geschlechts brachten die zusammengeklappten Untergestelle der Tische herein und stellten sie auf, schoben Bänke dazu und trugen vorsichtig die Tischplatten herbei, auf die man in der Küche einige bereits gefüllte Schüsseln gestellt hatte. Teller, Löffel, Messer,

Wein- und Mostkrüge und Becher wurden hinterhergetragen und auf der Tafel verteilt. Terrinen und Schalen folgten. Es gab ein richtiges Festmahl, und zwar, wie sich herausstellte, weil Robert, nach Sophie das älteste Kind, im fünfzehnten Lebensjahr seine Lehrzeit im Gewerbe des Vaters beendet hatte. Während die Dame des Hauses zwischen Nostradamus und Ronsard zu sitzen kam, richtete es Sophie wie selbstverständlich so ein, daß sie von Gilbert und ihrem ältesten Bruder eingerahmt wurde. »Ihr müßt unbedingt von dem Marzipan mit Pinienkernen kosten«, ermunterte sie den zu ihrer Linken sitzenden jungen Gast, »die Reiher und die Tauchenten schmecken sehr gut, der Schweineschinken in Zitronensoße ist auch nicht zu verachten, am liebsten nehme ich allerdings Schaffleisch mit Zwiebeln und in Schmalz gebratene Wachteln. Laßt Euch nicht nötigen, greift zu.« Gilbert versuchte, von all den köstlichen Speisen ein wenig zu nehmen, allein es war einfach zu viel. Am Schluß ließ er sich von seiner Tischdame noch dazu verführen, ein süßes Quittenkompott mit Zimt und Gewürznelken sowie ein Stückchen Käse zu verspeisen, dann dankte er erschöpft.

Während des Essens hatte Gilbert von zu Hause erzählen müssen, von seinen Eltern, von Nicole und von seiner Arbeit. Nun aber brachte ihn seine Nachbarin in arge Verlegenheit mit der Frage, was denn Ziel und Zweck seiner Reise sei. Er schaute den Meister unsicher an, und dieser nahm ihm die Antwort ab: »Wir wissen, daß es gelehrte Traktate und Bücher aus alter Zeit über die Heilkunde gibt, die wir noch nicht studieren konnten. Wir werden wahrscheinlich weite Strecken reisen müssen, um das eine oder andere Werk in der Bibliothek eines Klosters aufzustöbern. Zunächst werden wir jedoch einen Freund von Doktor de Villanovas Vater besuchen, der uns vielleicht weiterhelfen kann.« Damit war die Neugier gestillt, das Mahl war beendet, und die Tafel wurde bis auf Getränke, Süßigkeiten und Käse abgeräumt.

Trotz vorgerückter Stunde mußte Ronsard – er hätte sonst nicht gut geschlafen – seinen Gästen ausführlich von seinen

Geschäften berichten, die sich erfreulich ausgeweitet hätten. Ein erheblicher Teil seines Stofflagers, vor allem die Tuche und seltene Seiden, stammten aus Einfuhren, die ihn über das Meer erreichten. Mit seinen Waren beliefere er den ganzen Südwesten des Landes, manchmal sogar die höchsten Persönlichkeiten in der Hauptstadt, und das mache ihn sehr glücklich.

Nachdem der Gastgeber sein Geschäft genügend erläutert und als sehr befriedigend gepriesen hatte, fiel ihm an seinen Gästen eine zunehmende Müdigkeit auf, die nach der anstrengenden Reise und dem üppigen Essen nicht verwunderlich war. So schlug er ihnen vor, sich nach einem Bad, das schon vorbereitet sei, zur Ruhe zu begeben. Im Baderaum stiegen die zwei Reisenden in einen großen Bottich und ließen sich von dienstbaren Geistern mit wohligwarmem Wasser übergießen. Dann wurden sie über eine enge Wendeltreppe zu ihrem Schlafgemach geleitet.

Das Zimmer hatte eine ziemlich steile Schrägwand und kleine unverglaste Fenster, die einen Blick auf die unbeleuchtete Straße freigaben. An der senkrechten Seitenwand hatte man zwei Spannbetten aufgeschlagen. Auf Stangen war jeweils ein Betthimmel angebracht, von dem bunte Gardinen herunterhingen. Der Himmel diente eigentlich dazu, von der Decke herabfallende Wanzen und andere Tiere aufzufangen, was allerdings im Hause Ronsard weit weniger nötig war als in einer Herberge. Dagegen waren die Gardinen tatsächlich von Nutzen, da sie gegen Kälte und Luftzug schützten, die durch die Ritzen und Spalten der Läden eindringen konnten.

Der Raum wurde durch zwei Windlichte auf Schemeln neben den Betten nur notdürftig erleuchtet. Auf einer Truhe und einer Bank lag das Gepäck. Gilbert war dabei, seine Tasche zu entleeren, doch Nostradamus bat ihn, sich auf sein Bett zu setzen, er habe ihm etwas zu sagen. Gilbert folgte der Bitte, sein großer Lehrer aber ging langsam vor ihm auf und ab und hub an: »Ihr seid gewiß überrascht gewesen, daß ich Euch heute als Kollegen und mit vollem Namen vorgestellt habe. Das hatte seinen guten Grund. Denn bis zu dem Tage, an dem die Abgesandten der Inquisition mein Haus betraten, wart Ihr trotz Eures Doktortitels nichts weiter als ein Famulus, ein Gehilfe. Ihr nahmt Euch überhaupt keine Zeit zu eigenen Gedanken, zu eigenem Wollen. Euer ganzes Bestreben war es, nach Vorschriften, Regeln, Anweisungen und Rezepten zu verfahren. Die Stunde der Not hat das geändert. Ihr steht am Anfang eines neuen Lebens, ja, Ihr habt es schon begonnen. Eure Umsicht und Klugheit beim Umgang mit der Inquisition, Eure meisterliche Flucht, sie waren in keinem Lehrbuch zu lesen. Ihr habt Euch selber vertraut, und darum habe ich Zutrauen zu Euch und betrachte Euch als einen würdigen Kollegen. Ich werde Euch allerdings, sofern Ihr nichts dagegen habt, auch künftig mit ›Gilbert‹ anreden, wenn wir unter uns sind. Für Fremde aber seid Ihr Doktor de Villanova, und dazu benötigt Ihr eine angemessene Kleidung. Auch das genügt nicht. Wenn die Leute Euch mit Achtung und Bewunderung begegnen sollen, und das müssen sie um ihrer eigenen Heilung willen, so achtet darauf, daß Ihr Euch bedächtig bewegt, daß Ihr bedächtig sprecht, ja, alles bedächtig tut und niemals eine Unruhe oder gar Verlegenheit erkennen laßt. Ihr werdet sehen, das wirkt Wunder.«

Gilbert blickte auf. »Ist es nicht ein bißchen viel, was Ihr mir an einem einzigen Abend zumutet?« fragte er stockend.

»Ihr vertragt es, wenn Ihr nur wollt«, gab Nostradamus zurück, »außerdem sind wir noch nicht am Ende. Ihr habt mir doch von einer Vorladung der Inquisition erzählt. Sie wird nicht viel Neues bringen, aber lesen sollte ich sie.«

Gilbert ging zur Bank und kramte in seiner Tasche, bis er ganz unten die Rolle gefunden hatte. Er übergab sie Nostradamus mit einer Entschuldigung, und dieser öffnete das Siegel, glättete das Pergament und hielt es neben ein Windlicht. Langsam und mit Pausen las er vor:

DER IN DER STADT ... WOHNHAFTE
MICHEL NOSTRADAMUS,
DOKTOR DER MEDIZIN,
DAS ÄRZTLICHE GEWERBE AUSÜBEND,
WIRD HIERMIT ERSUCHT,
SICH INNERHALB DER FOLGENDEN 10 TAGE
BEIM TRIBUNAL DER INQUISITION EINZUFINDEN
ALS ZEUGE FÜR ÄUSSERUNGEN SEINES NACH-
BARN ...,
DIE DEN LEHREN DER HEILIGEN KATHOLISCHEN
KIRCHE GRÖBLICH WIDERSPRECHEN,
DES WEITEREN IN EIGENER SACHE.

... DEN ...

....

»So habe ich mir die Ladung vorgestellt«, lachte Nostradamus höhnisch, »der Kern der Sache kommt am Schluß: in eigener Sache soll ich aussagen! Die hohen Herren wollen mich in einen Disput über meine Schriften verwickeln, von denen sie glücklicher Weise nur einen Teil beschlagnahmt haben. Der Ketzerei und Häresie werden sie mich beschuldigen wollen, und wenn ihnen die Anzeigen meiner Feinde den geringsten Anlaß geben, werden sie mich die Daumenschrauben fühlen lassen und auf die Streckbank legen. Von bösen Geistern sind sie besessen und wissen es nicht. Sie sagen Euch die heiligen Schriften auswendig her und quälen Unschuldige zu Tode. Nicht besser sind sie als die, welche den Herrn gekreuzigt haben. Wir werden erst dann zurückkehren, wenn wir vor ihnen sicher sein können.«

»Ihr habt mir bisher nicht verraten, wohin unsere Reise gehen soll«, ließ sich Gilbert vernehmen, »wollt Ihr ein Schiff benutzen?«

»Das liegt nahe, weil wir in einer Hafenstadt sind«, gab Nostradamus zu Antwort, »aber gerade daran wird die Inquisition ebenfalls denken und uns auflauern, sobald sie hier eingetroffen ist. Ich werde mich morgen bei Ronsard erkundigen, wann das nächste Schiff in See sticht. Ihr könntet dann, aber nur aus der Ferne, beobachten, ob sich auf der Kaimauer irgendwelche verdächtigen Gestalten zeigen. Darüber werden wir uns später noch unterhalten. Jetzt sollten wir uns zur Ruhe begeben, wir müssen Kräfte sammeln.«

Gilbert hatte verständlicher Weise eine unruhige Nacht und wirr geträumt, von einer Hand, die ihm wie aus einer Schießscharte heraus entgegengestreckt und von einer anderen Hand zurückgezogen wurde. »Ihr seht ganz verschlafen aus«, sagte Nostradamus aufmunternd zu ihm, »Ihr solltet heute morgen einen Spaziergang machen und Euch ein Packpferd kaufen, Ihr werdet es brauchen. Laßt Euch nicht über's Ohr hauen, leider kann ich Euch nicht begleiten, weil mich zu viele Leute kennen.«

Als Gilbert mit einem kräftigen und lebhaften Braunen zurückkehrte, hatte der Schneider gerade bei Nostradamus Maß genommen. »Das trifft sich gut, schließt Euch gleich an«, rief Ronsard dem Ankömmling zu, und flüsternd fuhr er fort: »Nach dem Maßnehmen müßt Ihr zum Hafen gehen. Ich war schon dort, ein großes Schiff, Ihr könnt es nicht übersehen, wird bald ablegen, und ich habe das Gefühl, daß Eure besonderen Freunde in der Nähe sein werden. Seid daher vorsichtig. Und noch eines: Sobald Ihr etwas Außergewöhnliches bemerkt, kommt auf dem schnellsten Wege zu uns zurück!«

Der Schneider war bald fertig, und Gilbert eilte zum Hafen. Am Ende einer schmalen Gasse blieb er stehen. Er mußte die Augen zukneifen, so blinkte das leicht bewegte Wasser des Hafenbeckens im Sonnenschein. Einige dreimastige Karakken, rundbauchige Segelschiffe mit hochgezogenem Achterspiegel, lagen in der Mitte vor Anker. Große Ruderkähne mit unterschiedlicher Ladung und kleinere Segelschiffe fuhren hin und her. Am Kai hatte außer einer weiteren Karacke eine schlankere offenbar ganz neue Galeone festgemacht. Mit Hilfe eines hölzernen Kranes, dessen Seil durch ein breites, einer Tretmühle ähnelndes Rad hinaufgezogen und herabgelassen wurde, belud man das Schiff mit Fässern und Ballen. Überhaupt herrschte ein emsiges Treiben an Bord und davor am Anlegeplatz. Kein Zweifel, es war die Galeone, die in Kürze auslaufen sollte.

Gilbert ließ seine Blicke nach allen Seiten schweifen. Verdächtiges war nicht zu entdecken. Gewiß, aus den höheren Stockwerken der Kontor- und Lagerhäuser lugte zuweilen ein Kopf hervor, und unten gingen Männer in städtischer wie in Seemannskleidung aus und ein, doch das gehörte zum üblichen Hafenbetrieb.

Schließlich war es so weit. Eine hölzerne Treppe, die an die Bordwand der Galeone angelehnt war, wurde abgenommen. Zwei Ruderkähne zogen das Schiff langsam von der Mauer weg, und da geschah es: Auf dem hohen Heck des Schiffes erschien eine große Gestalt mit schwarzem Barett, schwarzem Vollbart und schwarzem langen Mantel. Unverwandt schaute sie zum Kai. Gilbert stockte das Blut in den Adern, und er faßte sich an den Kopf: Wie war es möglich, daß Nostradamus, sein verehrter Lehrer, ihn zurückließ, ohne ein Wort zu sagen? Er hätte ihm doch trotz der Anwesenheit des Schneiders noch einen Wink geben müssen! Und was hatte der merkwürdige Hinweis von Ronsard zu bedeuten, daß er, Gilbert, auf schnellstem Wege nach Haus kommen solle, wenn etwas Außergewöhnliches geschehe? Er wollte sich gerade auf den Weg machen, als vom Landeplatz her ein Geschrei zu vernehmen war. Neben einem abgestellten Planwagen ohne Pferde stand ein Mann, fluchte laut und gestikulierte. Von innen wurde die Plane zur Seite geschoben, und vier Soldaten stiegen heraus. Alle fünf wandten sich zu der davongleitenden Galeone, die bereits einige Segel gesetzt hatte, stießen unverständliche Drohungen aus und ballten die Fäuste. Es half nichts, sie konnten das Schiff nicht anhalten.

Die Inquisition war also doch rascher zur Stelle gewesen, als Nostradamus angenommen hatte. Wie aber war er unbemerkt auf das Schiff gelangt? Hatte er ihn, Gilbert, nicht der Gefahr aussetzen wollen, bei einer solchen reichlich wage-

(Bordeaux. — Vue d'une partie du quai devant les Quinconces, qui occupent l'emplacement de l'ancien château Trompette.)

halsigen Unternehmung verhaftet zu werden? Eiligen Schrittes trat Gilbert den Rückweg an.

Im Hause wurde Gilbert von Ronsard erwartet. Dieser fragte ihn: »Was habt Ihr gesehen? Ich bin neugierig.«

»Nostradamus ist der Inquisition mit dem Schiff entkommen«, gab Gilbert zur Antwort, »ich weiß nur nicht, weshalb er ohne mich geflohen ist. Ich muß die Stadt so schnell wie möglich verlassen.« Kaum hatte er ausgesprochen, als Nostradamus selber in das Zimmer trat. »Bravo!« rief er, »Ihr habt Eure zweite Probe gut bestanden. Ich habe heute Morgen unseren Gastgeber ins Vertrauen gezogen, und er hatte Gelegenheit, uns zu helfen. Ich hoffe, Ihr werdet auch Eure dritte Probe bestehen, die auf Euch zukommen wird, wenn ich weit von Euch entfernt sein werde.«

Gilbert blickte erstaunt von einem zum anderen. »Ihr wollt noch wissen, ob Euer älterer Kollege gezaubert hat oder durch die Lüfte zu uns zurückgekehrt ist«, sagte Ronsard mit einem freundlichen Lächeln, »beides trifft nicht zu. Der schwarze Mann auf dem Heck der Galeone war ein mir gut bekannter Handelskaufmann. Er hat die alte Kleidung von Nostradamus angezogen, und die Inquisition ist vorerst darauf hereingefallen. Dies habt Ihr uns soeben bestätigt.«

»So ist es«, schloß sich Nostradamus an, »wir müssen abwarten, wie die Inquisition die überraschende Hiobsbotschaft verdaut. Ihre Abgesandten werden die Anweisung erhalten nachzuforschen, auf welche Weise ich oder vielleicht wir beide an den Spähern vorbei auf das Schiff gelangen konnten, und dann werden die Zweifel einsetzen. Kurz und gut, gerettet sind wir noch nicht. Wir haben gerade noch die Zeit, die Lieferung der neuen Kleider abzuwarten, dann müssen wir die Stadt verlassen, und zwar getrennt und in Reisekleidung.«

Es vergingen zwei Tage, dann waren die neuen Kleider für Nostradamus und Gilbert zu deren voller Zufriedenheit fertiggestellt und alles für die Abreise bereit. Früh am Morgen verabschiedete sich Nostradamus als erster, eine Stunde später folgte Gilbert. Zum ersten Male in seinem Leben widerfuhr es ihm, daß ein fremdes Mädchen seinetwegen Tränen in den Augen hatte, als er ihr die Hand reichte. Es war Sophie, die aus einer Andeutung ihres Vaters entnommen hatte, daß die Reise Gilberts weder freiwillig noch ungefährlich war. In ihrer zarten Seele schmerzte es sie zutiefst, Gilbert nicht zurückhalten zu können, um ihn zu beschützen.

* * *

Ohne in der Stadt oder am Stadttor aufgehalten zu werden, ritt Gilbert auf die Straße nach Nordosten. In der dritten Ortschaft, die er durchquerte, traf er, wie abgesprochen war, in der Kirche mit Nostradamus zusammen. Sie setzten die Reise gemeinsam fort und hofften, daß die Inquisition die Verfolgung aufgeben oder zumindest längere Zeit brauchen würde, ihre Spur wieder aufzunehmen. »Ich möchte Euch meinen Plan mitteilen, Gilbert«, sprach Nostradamus, »ich habe die Absicht, über unsere nordöstliche Grenze hinaus im Nachbarland noch eine Strecke weiter zu reiten, bis wir auf ein Kloster treffen, in dessen Bibliothek ich mich wahrscheinlich jahrelang beschäftigen könnte. Um Eurer Sicherheit willen solltet Ihr mich dorthin begleiten. Allerdings muß ich den Abt von unserer Unschuld überzeugen. Unsere Namen können wir ihm unter dem Siegel der Verschwiegenheit nur andeuten, müssen aber für das Leben im Kloster einen anderen Namen annehmen, wie wenn wir für immer dem Orden angehören würden. Ich werde mich Albertus nennen, als Zeichen meiner Verehrung für den Gelehrten Albertus Magnus. Ihr solltet Euch ebenfalls überlegen, wie Ihr heißen wollt.«

»Zum Andenken an meinen berühmten Verwandten Arnold de Villanova würde ich, falls der Abt nichts dagegen hat, den Namen Arnold annehmen«, entschied sich Gilbert.

»Gut, Bruder Arnold«, gab Nostradamus scherzend zurück, »das wäre geregelt. Wir müssen nur noch Vorsorge treffen, daß wir von irgendwelchen Entscheidungen der Inquisition über die Beschuldigungen gegen uns Kenntnis erhalten. Euer Vater, ein angesehener Bürger und bekannter Jurist, wird sich im Stadtrat Verbündete suchen und im Verein mit ihnen unsere Interessen beim Tribunal vertreten. Stellt Euch vor, daß er eine Niederschlagung der ungerechten Anschuldigungen erreicht, und wir hören nichts davon. Das darf nicht geschehen.«

Gilbert nickte zustimmend: »Gewiß müssen wir unterrichtet werden. Mein Vater wird, wenn er eine Nachricht hat, diese mit einem Boten zu seinem Freund Doktor Simeon schicken, für den ich einen Brief in der Tasche habe. Dieser mag dem Boten unseren Aufenthalt verraten oder selbst einen Boten schicken. Ich werde darüber mit ihm sprechen.«

Auf dem Ritt zu Doktor Simeon mieden die zwei Reisenden vorsichtshalber weiterhin die Herbergen und schliefen nachts auf harten Bänken in Bauernstuben. Fast drei Tage benötigten sie, bis sie an die Tür des Hauses von Doktor Simeon klopften. An einem Warte- und einem Behandlungsraum im Erdgeschoß vorbei wurden sie zum ersten Stockwerk geleitet, wo sie in einem bürgerlich ausgestatteten Wohn- und Eßzimmer auf den Hausherrn warteten. Dieser erschien nach wenigen Augenblicken und begrüßte zuerst Gilbert, der, wie er meinte, ein erwachsener Mann geworden sei, und danach Nostradamus, den er von Angesicht nicht kannte. Er war überrascht und erfreut zugleich, einen so berühmten Gelehrten empfangen zu dürfen.

Gilbert übergab den Brief seines Vaters, und Doktor Simeon las ihn laut vor. »Natürlich werde ich Euch eine angemessene Tätigkeit verschaffen«, rief er aus, »schon morgen könnt Ihr bei mir anfangen. Wer bei Doktor Nostradamus gearbeitet hat, wird schließlich keine Schwierigkeiten haben, anderenorts die gleichen Aufgaben wahrzunehmen.«

»Mein Vater hat den Anlaß unserer Reise im Brief absichtlich nicht erwähnt«, sagte Gilbert mit gedämpfter Stimme, »Doktor Nostradamus wird nämlich aufgrund von Anzeigen, deren Absender wir nicht namentlich kennen, von der Inquisition gesucht, zu Unrecht selbstverständlich. Als sein früherer Gehilfe bin ich ohne mein Zutun in die Sache verwickelt. Wir hoffen, daß die Inquisition unsere Fährte verloren hat. Ich kann jedoch nicht ausschließen, daß mich die Häscher dieser schrecklichen Einrichtung der Kirche eines Tages festnehmen, wenn ich bei Euch bleiben sollte. Doktor Nostradamus wird auf jeden Fall weiterreisen.«

Doktor Simeon erbleichte. »Die Inquisition ist Euch auf den Fersen?« hauchte er, »sie darf Euch in meinem Hause auf keinen Fall finden. Über Nacht dürft Ihr bleiben, aber morgen früh solltet Ihr weiterreiten, um Euch und meine Familie nicht in Schwierigkeiten zu bringen. Außerdem ist der Platz bei uns überaus beschränkt, wie Ihr Euch bei der Zahl unserer Kinder denken könnt.«

Gilbert war überrascht. Er hatte selber seine Zweifel gehabt, ob er sich der Gefahr aussetzen sollte, im Hause von Doktor Simeon verhaftet zu werden. Nicht im Traume aber hatte er daran gedacht, daß der gute Bekannte seines Vaters seine Hilfsbereitschaft auf eine einzige Übernachtung begrenzen würde. Da war der Kaufmann Ronsard aus ganz anderem Holze geschnitzt. Mit einem Seufzer, aus dem seine Enttäuschung herauszuhören war, erklärte Gilbert: »Ihr braucht Euch keine Sorgen zu machen, wir werden Euch morgen wieder verlassen. Vielleicht könnt Ihr uns aber einen kleinen Gefallen erweisen, der Euch nicht inkommodieren wird. Für den Fall, daß ein Bote meines Vaters hierherkommt, würden wir gern eine Nachricht hinterlegen, die unverfänglich sein dürfte.« Auf ein Stückchen Pergament schrieb er folgende Worte:

DAS REZEPT IST FÜR BRUDER ALBERTUS BE-
STIMMT
IM KLOSTER ..., ZU ERREICHEN AUF DER ANDEREN
SEITE DER NORDOSTGRENZE UNSERES LANDES.
BITTE BERICHT ÜBER ZUSTAND DES KRANKEN
ABHOLEN.

Immer noch machte Doktor Simeon ein unglückliches Gesicht. Um ihn zu beruhigen, schlug Nostradamus vor: »Ihr könntet ein Rezept gegen die Gicht oder eine andere Krankheit zusammenstellen, von der man im Kloster häufig befallen wird, nur muß es schon ein nicht allgemein bekanntes sein. Verwahrt das Rezept zusammen mit der Nachricht, die Doktor de Villanova geschrieben hat. Wer soll Euch daraus einen Vorwurf machen?«

Doktor Simeon war endlich befriedigt und rief seine Familie herein. Die Hausfrau erschien als erste, und nach und nach kamen acht Kinder hinterdrein. Im Verlaufe der sich an die Begrüßung anschließenden Unterhaltung, in welcher das Wort »Inquisition« gemieden wurde, lud Frau Simeon Gilbert zu längerem Bleiben ein, die ganze Familie würde sich freuen. Gilbert sah die sechzehn Augen der Kinderschar auf sich gerichtet. Eine unverhohlene Neugier sprach aus ihnen, und er war froh, daß durch das Gespräch mit dem Hausherrn die baldige Abreise bereits festgelegt war.

Beim anschließenden Essen konnten sich die Gäste nicht beklagen, Frau Simeon ließ es an nichts fehlen. Ihr Gemahl benutzte die günstige Gelegenheit, seinen berühmten Kollegen in ein Fachgespräch zu verwickeln. »Ich hätte zu gern Eure Meinung gehört«, sprach der Herr des Hauses einschmeichelnd, »wie Ihr Euch in folgendem Fall verhalten würdet. Eine sehr vornehme Patientin klagt abwechselnd über Herzstiche, Kopfweh, Magenschmerzen und Verdauungsbeschwerden. Alle mir bekannten Mittel helfen nur kurze Zeit oder überhaupt nicht, und dann beginnen die gleichen Klagen. Schlimm ist, daß die Dame immer schwächer wird.«

»Habt Ihr einmal nach den Ursachen der Erkrankung geforscht?« gab Nostradamus zur Antwort, »seit wann sind die Schmerzen aufgetreten, sind unangenehme persönliche Ereignisse vorausgegangen?«

Doktor Simeon war erschrocken: »Danach kann ich die Patientin nicht fragen, sie würde tief gekränkt sein und einen anderen Arzt aufsuchen. Nein, das wäre nicht der richtige Weg.«

»Verzeiht, daß ich Euch widerspreche«, gab Nostradamus zur Antwort, »mit Verlaub gesagt, Ihr seid zu ängstlich. Ihr müßt einem kranken Menschen, gleich welchen Standes, immer deutlich vor Augen führen, daß er aus Leib und Seele besteht, daß eine kranke Seele ein fürchterliches Gift für den Körper ist und sie zuerst geheilt werden muß, wenn der Leib gesunden soll. ›Cherchez le Diable‹ oder ›sucht nach dem Teufel‹, der hinter der Krankheit der Seele steckt, ich wette, in Eurem Falle ist es ein Mann.«

»Schon möglich«, sagte Doktor Simeon leise, »aber sehr, sehr unangenehm.«

Die Nacht verbrachten Nostradamus und Gilbert in einfachen Strohbetten in einer niedrigen Dachkammer. Gilbert dachte an die bequemen Betten mit einem Himmel im Hause des Kaufmanns Ronsard, Nostradamus aber klopfte ihm lachend auf die Schulter: »Nehmt es nicht so schwer, hier ist es jedenfalls sauber, in den Herbergen oder bei den Bauern wird es uns nicht so gut gehen. Doktor Simeon will uns schnell aus dem Hause haben. Er weiß nicht, daß Angst ein schlechter Ratgeber und die Ursache für viele, möglicherweise für die meisten Krankheiten ist.«

Beim Abschied am nächsten Morgen blickte Gilbert, wie es der Zufall wollte, in einen Wandspiegel. Dank der Empfehlung seiner Schwester hatte er sein Barthaar nicht mehr geschnitten, und es war kräftig gewachsen. Den Vollbart des Meisters hatte er bei weitem noch nicht erreicht, doch glaubte er, viel männlicher auszusehen, und darüber freute er sich. Er wollte schließlich als Kollege von Nostradamus einen würdigen Eindruck machen.

Die beiden Reisenden folgten der Straße nach Nordosten durch Täler mit Wiesen und Feldern und über bewaldete Höhen. In der Mittagshitze suchten sie sich einen Bach, in dem sie die Pferde tränken konnten, und legten eine Rast ein.

»Ich möchte es wagen, heute abend in einer Herberge zu übernachten«, sprach Nostradamus, »selbst wenn unsere Verfolger den Betrug mit dem schwarzen Mann auf dem Schiff inzwischen entdeckt hätten, könnten sie uns noch nicht auf den Fersen sein.«

»Zugegeben«, gab Gilbert zur Antwort, »doch sind sie schneller als wir. Sie werden ihre Pferde häufig wechseln, wir können das nicht, unsere Pferde sind zu wertvoll.«

Nostradamus schüttelte den Kopf: »Ganz so einfach ist es nicht. Wir sollten eine kleine Rechnung aufmachen. Nehmen wir an, die Männer im Hafen haben schon innerhalb eines Tages Gewißheit erlangt, daß ich nicht an Bord der Galeone gewesen bin. Es erscheint mir ausgeschlossen, daß sie bis dahin auch noch herausbekommen haben, wohin wir geritten sind. Also werden sie am Sitz der Inquisition neue Weisungen einholen, in welcher Richtung sie uns suchen sollen, vielleicht sogar gleichzeitig in verschiedenen. Mag der Commissarius der Inquisition sogar so klug sein und unseren Fluchtplan erraten, mag er seine Häscher geradewegs hinter uns herschicken, wir besitzen dann immer noch einen Vorsprung von mindestens einer Woche. Darum seid unbesorgt und schließt eine Weile die Augen.«

Eine gute Stunde mochte vergangen sein, als Nostradamus seinen Gefährten wachrüttelte: »Während Ihr schlieft, ist ein Trupp gut gekleideter Reiter die Straße entlanggetrabt, auch ist ein vornehmer Reisewagen vorbeigefahren. Zur Inquisition gehörten die Leute bestimmt nicht. Laßt uns die Reise fortsetzen.«

Die beiden ritten bis zum späten Nachmittag, holten aber die Reiter und den Wagen nicht ein. In einem Marktflecken hielten sie vor einer Herberge »Zum goldenen Schwan«. Sie erfreute sich, wie man sah, eines regen Zuspruchs, denn am Eingang herrschte ein Kommen und Gehen. Gilbert stieg vom Pferd, um nach einer Unterkunft zu fragen. Der Gästeraum war vom Rauch einer hohen Feuerstelle geschwärzt, die Wirtin schöpfte Suppe aus einem über der Glut hängenden eisernen Topf. »Habt Ihr ein Bett für zwei Männer frei?« fragte Gilbert.

»Nichts zu machen«, antwortete die Frau mit rauher Stimme und sah sich nicht einmal um. »Ihr wißt doch, daß auf der Burg ein Turnier stattfindet, da sind alle Herbergen der Umgebung durch Ritter, ihr Gefolge und Besucher voll belegt.«

Gilbert ließ nicht locker: »Wir kommen von weit her, Frau Wirtin, wohin sollen wir denn heute nacht unseren Kopf legen?«

Jetzt erst wandte sich die Wirtin dem Fremden zu, betrachtete ihn von Kopf bis Fuß und brummte: »Wenn Ihr Glück habt, kommt Ihr mit zwei Personen noch auf der Burg unter.«

»Und wo ist die Burg?«

»Im Norden, mein Herr«, erwiderte die Wirtin, »Ihr werdet linker Hand vor einer alten Buche auf eine Abzweigung treffen. Sie führt Euch durch einen Wald zu einem wunderbaren See. Auf ihm soll es einmal goldene Schwäne gegeben haben, die allen, die sie sahen, Glück brachten. Sie sind verschwunden und werden eines Tages zurückkehren. Ihr dürft Euch am See jedoch nicht aufhalten, sonst erreicht Ihr die Burg nicht mehr bei Helligkeit. Der Weg steigt in mehreren Windungen nach oben. Die Burg liegt vor Euch, sobald Ihr die Bergkuppe überschreitet.«

Gilbert bedankte sich und berichtete dem Meister, was er erfahren hatte. Dieser überlegte kurz und sagte entschlossen: »In der Menge der Turnierbesucher fallen wir nicht auf, wir reiten zur Burg. Unsere Namen sollten wir allerdings geheimhalten.«

Sie folgten dem von der Wirtin beschriebenen Wege. Der Wald war so dicht, daß die schräg hereinfallenden Strahlen der Sonne nur kleine Flecken mit ihrem vollen Licht überfluteten. Außer den Tritten der Pferdehufe waren lediglich die krächzenden Schreie der Eichelhäher zu hören, die vor den unbekannten Eindringlingen warnten. Allmählich wurde der

Weg steiler, und nach Überwindung einer Anhöhe blinkte ihnen der See entgegen. Am Ufer gegenüber standen hohe Fichten und warfen schwärzliche Schatten auf das Wasser. Schaute man auf die von einem leichten Luftzug bewegte Mitte, so mußte man die Augen zukneifen, um das Glitzern ertragen zu können. Vorn, ganz nahe einem den See berührenden Wiesenstück, glitten bunte Flugenten und schwarze Wasserhühner zwischen gelben Teichrosen dahin. Es glich einem Paradies, dessen Schönheit und Stille niemand zu stören wagte. Schweigend ließen sich Nostradamus und Gilbert auf den Boden nieder. Beide hatten denselben Gedanken: Es wäre eigentlich kein Wunder, wenn goldene Schwäne hier gelebt hätten, so schön, so verzaubert erschien der See.

Die Sonne rückte dem Horizont näher und näher. Ihr Glanz bekam einen rötlichen Schimmer, und auf einmal geschah es: Hinter hohen Binsen und spitzem Schilf kamen hintereinander sieben Schwäne hervor, deren Gefieder in mattes Gold getaucht schien. Sie schwebten eher auf dem Wasser, als daß sie schwammen. Nostradamus und Gilbert waren wie gebannt. Erst als zwei Enten sich stritten und zu einem Rundflug über den See ansetzten, erhob sich der Meister und trieb seinen Kollegen zur Eile an.

Sehr bald war es finster im Walde. Die Mondsichel reichte nicht, um die eng stehenden Bäume zu durchdringen. Hätten nicht die Pferde bessere Augen als ihre Reiter gehabt, wären diese gezwungen gewesen, anzuhalten und auf den Anbruch des nächsten Tages zu warten. So aber gelangten sie, wenn auch langsam, auf den Berg hinauf, und auf der anderen Seite erblickten sie die durch Fackeln und Feuerpfannen gespenstisch erleuchtete Burg.

Als sie näherkamen, konnten sie vor der Wehrmauer den mit Pfahlwerk umfriedeten Turnierplatz erkennen. Im Schein von flackernden Fackeln trug man lange Bänke hinein, wohl zur Ergänzung der aufgestellten Tribüne, welche die Besucher des Turniers nicht faßte. Dieses war bereits vier Tage im Gange und sollte noch drei weitere Tage dauern.

An der niedergelassenen Zugbrücke, die zum mächtigen Eingangstor führte, standen Söldner, es waren für das Turnier in Dienst genommene Soldaten. Sie hatten den Auftrag, ungebetene Gäste, vornehmlich herumlungerndes Gesindel, fernzuhalten.

Nostradamus und Gilbert verlangsamten den Schritt der Pferde. Wie konnten sie die Soldaten dazu bewegen, ihnen den Zutritt zum Burghof freizugeben?

Nostradamus machte plötzlich eine zuversichtliche Miene und trieb sein Pferd wieder an, Gilbert und die Packpferde trabten hinterher.

»Halt! Seid Ihr angemeldet? Zu wem wollt Ihr?« scholl es ihnen vom Tor entgegen. Sie ritten heran, und Nostradamus deutete in das Innere der Burg: »Zu den zwei Damen da hinten möchten wir, es handelt sich um eine dringende Angelegenheit, geleitet uns bitte zu ihnen!«

»Kennt Ihr die Gräfin und ihre Enkelin?« kam es zurück. Nostradamus entgegnete beruhigend: »Die Damen werden uns freundlich empfangen, habt keine Bedenken, wir sind keine Landstreicher.«

Unsicher, ob er es richtig machen würde, ging der Söldner voran. Die beiden Reisenden stiegen ab, nahmen ihre Hüte in die Hand und folgten mit den Pferden. Die Damen drehten sich zu ihnen um, und Nostradamus redete die ältere Dame an: »Verehrte Gräfin, Ihr glaubt vielleicht, wir seien zum Turnier hierhergekommen. Das wäre ein Irrtum. Wir sind zwei Ärzte auf einer Reise und nur darum zur Burg geritten, weil infolge des Turnieres alle Herbergen der Umgebung bis auf das letzte Bett belegt sind. Hättet Ihr die Güte, uns ein Nachtlager zu gewähren?«

»Zwei Ärzte«, wiederholte die Gräfin, »das trifft sich gut, ich leide häufig unter Herzschmerzen, ich hoffe, Ihr werdet mir besser helfen als die anderen Ärzte. Die Soldaten werden für Eure Pferde und das Gepäck sorgen, Ihr kommt mit uns.«

Die Gräfin steuerte am Arm ihrer Enkelin dem Palas zu, dem größten Gebäude der Burg, in dem während des Turniers an jedem Abend gezecht, geschmaust, musiziert und gesungen wurde. Der Rittersaal im ersten Stockwerk war hell erleuchtet. Aus den offenen Fenstern drangen Stimmen und fröhliche Melodien, die auf Flöten und Lauten, zuweilen auch auf Dudelsäcken gespielt wurden. Die alte Gräfin betrat den Palas und ging im Erdgeschoß in einen kleineren Raum, der zum Ausruhen gedacht war. Wandleuchter mit schon halb abgebrannten dicken Kerzen und zwei Öllämpchen auf einem quadratischen Tisch sorgten für eine dem Zweck des Zimmers angemessene matte Beleuchtung. Nachdem sich alle auf Bänke gesetzt hatten, fragte die Gräfin die Fremden nach ihrem Namen. Nostradamus holte tief Luft. »Verehrte Gräfin«, antwortete er, »glaubt mir bitte, wir sind in einer geheimen Mission unterwegs, die uns die Nennung unserer wahren Namen verbietet. Falsche Namen möchten wir Euch nicht angeben. Eines Tages werdet Ihr bestimmt erfahren, wer wir sind, doch erst, wenn wir uns durch die Namensnennung nicht mehr gefährden. Ihr solltet aber keinesfalls annehmen, daß wir Betrüger seien. Darum sagt uns, welche Beschwerden Ihr habt, unser ärztlicher Rat wird Euch zufriedenstellen.«

»Besucher, die ihren Namen geheimhalten, habe ich in meinem ganzen Leben noch nicht empfangen«, erklärte die Gräfin ein wenig belustigt, »ich habe jedoch keinen Grund, meinen Namen zu verschweigen. Ich bin Gräfin Melanie, die Mutter des Burgherrn, und neben mir seht Ihr meine Enkelin Natalie. Was meine Beschwerden angeht, so leide ich unter einem Stechen im Herz, manchmal verliere ich durch einen Schwindel fast die Besinnung. Was kann man dagegen tun?«

»Laßt Euch einen Tee von Rosmarin aufgießen«, riet Nostradamus, »weist außerdem die Küche an, Gemüse und Fleisch für Euch mit Rosmarin zuzubereiten. Dieses Gewürz stärkt Herz und Nerven. Morgen früh werde ich Euch noch einen Früchtesyrup mit Weißdorn bringen, er reguliert den Herzschlag und den Blutdruck. Das wird Euch guttun. Wollt Ihr aber ganz gesund werden, müßt Ihr die Ursache der Erkrankung beseitigen, und das wird ein Ärger sein, der Eure Seele und Euren Körper vergiftet.«

Gräfin Melanie machte ihre Augen vor Überraschung weit auf. »Wie könnt Ihr wissen, daß ich einen Kummer habe und ausgerechnet dieser für die Herzstiche verantwortlich ist?«

Nostradamus lächelte. »Die Beschreibung der Leiden reicht mir zumeist, um die Krankheit zu erkennen«, erklärte er, »genau so wichtig sind die Augen des Menschen, seine Haut, sein Mienenspiel, überhaupt sein ganzes Gehabe. Gerade um die Ursachen festzustellen, müßt Ihr Euch den ganzen Menschen ansehen und ihm vor allem bei Herzbeschwerden tief in die Seele schauen. Daß Euch ein schwerer Ärger zu schaffen macht, konnte ich schon feststellen, als Euer Antlitz von einer Fackel beleuchtet wurde. Wenn Ihr es wünscht, bin ich gern bereit, mit Euch darüber zu sprechen, wie Ihr Euren Verdruß beseitigen könnt, doch wird das einige Zeit in Anspruch nehmen. Geben wir zunächst meinem Kollegen Gelegenheit, sein ärztliches Können unter Beweis zu stellen.«

Gilbert ging um den Tisch herum zu Natalie und hielt ihr ein Öllämpchen vor das Gesicht. »Ihr leidet unter einer Entzündung im Magen«, erklärte er ohne Zögern, »laßt frische Weißkohlblätter auspressen und trinkt den Saft in kleinen Schlückchen. Tut das über zwei bis drei Wochen, bis Ihr Euch frei fühlt von Schmerzen. Die Kohlblätter selber dürft Ihr nicht essen, sie würden Euch belasten. Aus Euren schönen dunklen Augen lese ich jedoch noch mehr. Auch Ihr habt einen Kummer, der die Krankheit verursacht hat und die Heilung erschwert. Sofern Ihr Euch dazu verstehen könntet zu offenbaren, was Euch quält, würden wir versuchen, Euch einen guten Rat zu erteilen.«

Natalie erhob sich abrupt. »Seid Ihr Arzt oder Beichtvater?« wollte sie wissen.

Nostradamus kam seinem jüngeren Kollegen zuhilfe. »Wie wollt Ihr das trennen, wenn es die Seele ist, die Euch krank macht?« fragte er. »Eine ärztliche Beratung für die Seele ist natürlich eine Sache des Vertrauens. Wir sind fremd, Ihr kennt uns noch keine volle Stunde. Trotzdem überlegt es Euch, ob Ihr nicht auf das gut gemeinte Angebot meines Kollegen eingehen solltet.«

»Verzeiht, ich bin nicht gewohnt, daß ein Arzt mein Inneres nach außen kehrt«, gab Natalie zur Antwort, »wenn Ihr gestattet, Großmutter, werde ich mich zurückziehen.« Gräfin Melanie nickte ihr zu, und sie verschwand im Halbdunkel des Burghofs.

»Sie ist ein wenig unsicher im Umgang mit Menschen, die ihr nicht näher bekannt sind«, sagte die Gräfin, um das unhöfliche Verhalten von Natalie verständlich zu machen. »Mir ist es sehr recht, daß sie nicht mehr am Tisch sitzt. Ihretwegen habe ich nämlich dauernd Ärger. Dazu müßt Ihr wissen, daß sie das älteste Kind meines Sohnes, des Grafen Edmond, und seiner Gemahlin Eugenie ist. Sie wurde leider von ihrer Mutter unglaublich verwöhnt. Meine Schwiegertochter hat sie genährt und sich um sie gekümmert, wo es ihr nur möglich war, die nachfolgenden vier Kinder überließ sie dann fast ganz der Amme. Als Natalie heranwuchs, durfte sie nach und nach an allem teilnehmen, was ihrer Mutter gut gefiel, am Singen, Tanzen und Musizieren, am Reiten und an der Jagd mit dem Falken, nicht selten sogar mit dem Bogen, was gemeinhin den Männern vorbehalten ist. Eine besondere Freude bereitet ihr, wenn sie mit ihrer Mutter einen Ausflug zum stillen Waldsee unternehmen darf.«

»Meint Ihr den See mit den goldenen Schwänen?« unterbrach Gilbert die Gräfin, »an seinem Ufer läßt sich wunderbar träumen.«

»Das ist der See«, fuhr Gräfin Melanie fort, »die Schwäne sollen den Menschen, denen sie im goldenen Gefieder erscheinen, Glück bringen. Doch zurück zu Natalie! Sie wird von ihren Eltern gedrängt, da sie alt genug ist, einen der jungen Ritter von einer Nachbarburg zum Mann zu nehmen. Aber sie will es nicht. Sie sagt, die Ritter seien rohe Gesellen, die neben Kampf und Jagd, Würfelspiel und Wein für eine

Frau nicht viel übrig hätten. Das Schlimme ist nun, daß sie recht hat. Ich weiß wirklich nicht, was ich ihr raten soll, und das betrübt mich jeden Tag. Wißt Ihr nicht einen Ausweg?«

Nostradamus zog seine Stirn in Falten: »Es fällt mir schwer zu antworten, ohne Euer Enkelkind gehört zu haben, aber ich will es versuchen. Natalie hat bis heute von ihrer Mutter so viel geboten bekommen, daß sie sich um anderes nicht zu bemühen brauchte. Dieses Leben hat ihr gefallen und war doch nicht ihr eigenes. Das wird sie nicht wahrhaben wollen, allein es ist nun einmal so. Sie sollte zu sich finden und ihr eigenes Leben beginnen. So schwer es auch für sie sein wird, sie muß sich in Geduld üben. Auf keinen Fall darf sie die Flinte ins Korn werfen und einen dieser groben Burschen heiraten. Sie würde daran zerbrechen. Wollt Ihr Natalie das übermitteln?«

»Das werde ich tun«, entgegnete die Gräfin, »Ihr habt recht, mein Enkelkind muß sich von dem bequemen Leben, das ihr die Mutter bietet, lösen und ein eigenes anfangen. Ich danke Euch sehr, ich habe gleich den Eindruck gehabt, daß wir uns gut verstehen würden. Wollt Ihr nicht während des Turniers auf der Burg bleiben? Ihr sollt meine Gäste sein.«

»Das würde ich gerne miterleben, ich war noch nie bei einem Ritterturnier«, beeilte sich Gilbert zu antworten.

Nostradamus wandte sich erstaunt seinem Gefährten zu: »Ihr hattet es doch heute morgen so eilig! Aber meinetwegen, nur denkt daran: Wir dürfen in der Öffentlichkeit nicht als Ärzte auftreten, gleichgültig, wie viele Ritter im Kampf verletzt werden.«

Die Nacht verbrachten die beiden dank der Einladung von Gräfin Melanie im Gästehaus auf frisch gefüllten Strohsäkken. Nach einem Frühstück aus Brotfladen, Obst und Most begaben sie sich zum Turniergelände und schauten sich um. In der Mitte lag die Stechbahn, der Länge nach geteilt durch eine etwa zwei Ellen hohe hölzerne Schranke. An jedem Ende der Bahn war ein Tor, durch das die Ritter zum Kampf hereinreiten würden. Auf dem nördlichen Teil des Feldes hatten die

Teilnehmer ihre bunten Zelte aufgestellt. Ihre Knappen standen davor und unterhielten sich. Südlich der Stechbahn war die mit Fahnen und Bändern geschmückte Tribüne aufgebaut und seitlich durch Bänke ergänzt. Auf den besten Plätzen lagen Kissen und Teppiche. Ein Baldachin überdeckte ein Viereck, das für die Familie des Burgherrn und die Schiedsrichter reserviert war. Da sich die Tribüne mittlerweile füllte, beschlossen Nostradamus und Gilbert, sich in eine mittlere Reihe zu setzen, in der sie zwischen der Menge der Zuschauer nicht auffallen würden.

Aus einer Unterhaltung ihrer Nachbarn konnten sie entnehmen, daß es schon zahlreiche Verletzte gegeben habe. Da machten sich auf dem Turnierfeld die ersten zwei Kämpfer fertig, und jeder ritt zu einem der Tore. Unter dem Baldachin versammelten sich die Schiedsrichter, und dann erschien die gräfliche Familie in kostbaren Gewändern. »Seht die Gräfin Eugenie und ihre Tochter«, ertönte es aus einer Zuschauerreihe, »man kann sie überhaupt nicht unterscheiden!« Tatsächlich hatten sie den gleichen Hut mit goldgefärbten Federn, das gleiche darunter hervorquellende dunkelbraune Haar und das gleiche lange Gewand aus kostbarem weißen Stoff mit goldgestickten Bordüren. Wie zwei königliche Schwestern rahmten sie den Burgherrn ein. Dieser vergewisserte sich, daß alles bereit war, und hob die Hand zum Zeichen des Beginns.

Unter Fanfarenklang stießen Knechte die Tore auf. Herolde riefen: »Ihr tapferen Ritter, tut Eure Pflicht, verdient Euch den Preis der Schönheit und der Liebe!« Die Kämpfer galoppierten mit eingelegter Lanze an der Schranke entlang aufeinander zu. Es klirrte und krachte, und obwohl nur stumpfe Waffen benutzt wurden, hielt der Schild eines Ritters dem Stoß nicht stand und zersprang in zwei Teile.

Ohne daß der geborstene Schild durch einen neuen ersetzt werden durfte, folgte ein zweiter Anlauf. Verbissener noch als vorher trieben die Gegner ihre Schlachtrosse an. Beim Aufeinanderprallen schwankten beide, doch der ohne Schild sank zuerst zu Boden, der andere versuchte, sich zu halten, verlor dann endgültig das Gleichgewicht und fiel ebenfalls in den Sand. Die Knappen rannten herbei, um ihrem Ritter auf die Beine zu helfen. Den, dessen Schild zerstört worden war, konnten sie nur stöhnend in sein Zelt führen. Sein Harnisch war tief eingebeult, er hatte sicherlich einige gebrochene Rippen. Der Gegner wurde auf das Pferd gehoben und trabte zu dem Baldachin mit den Schiedsrichtern und der Grafenfamilie. Jetzt konnte man deutlich erkennen, daß sein Schild mit einem grünen Drachen auf goldenem Grund verziert war. Er schob sein Visier nach oben, und von den zusammengetretenen Schiedsrichtern löste sich eine weiße Gestalt. Mit lauter Stimme verkündete sie: »Ritter Robert hat gewonnen! Sein nächster Kampf findet heute nachmittag statt!«

»Wer ist das, Mutter oder Tochter?« fragte Gilbert einen Zuschauer.

»Es ist Brauch, daß die älteste unverheiratete Tochter des Burgherrn mit den Richtern das Urteil fällt«, bekam er zur Antwort, »sie gibt es auch bekannt und überreicht nach dem Endkampf die Preise. Ich glaube, es wird das letzte Mal sein, daß Fräulein Natalie dies tut. Es hält sich nämlich hartnäckig das Gerücht, sie würde den Sieger des Turnieres heiraten. Sie ist alt genug und sehr schön. Ist es nicht eine gute Gelegenheit für ihren Vater, sie unter die Haube zu bringen?«

Aus den Kämpfen dieses Tages gingen Ritter Robert und ein Ritter mit Namen Henri als Teilnehmer des Finales hervor. Henri war sehr stolz darauf, daß auf seinem Schild nicht nur ein, sondern sogar zwei Wappen waren, aus denen das Alter des Adels seiner Familie hervorging. Das eine Wappen zeigte ein Einhorn, das andere einen Wolf. Die Familie Ritter Roberts war nicht so alt, dafür jedoch beträchtlich reicher. Beide Familien hatten ihre Besitzungen in der näheren Umgebung. Die Zuschauer waren sich uneins, wem sie als möglichem Gemahl Natalies den Vorzug geben sollten. Das hing allein davon ab, ob man dem Vermögen oder dem Alter des Adels ein größeres Gewicht beimaß. Und was die Aussichten anging, das Turnier zu gewinnen, so wurden sie nach den Vorkämpfen als für beide gleich beurteilt. Wer auch immer der Sieger sein würde, man erwartete seine Verlobung mit Natalie.

Vor dem Endkampf wurde, wie üblich, ein Ruhetag eingelegt. Er gab den Zuschauern Gelegenheit, ihre Meinungen über den Verlauf des Turnieres auszutauschen und Wetten für das Finale abzuschließen. Nostradamus und Gilbert beteiligten sich nicht daran. Sie wurden am Abend zu Gräfin Melanie gebeten. »Ich weiß nicht recht, ob ich meiner Enkelin nicht unnötiger Weise das Herz schwer gemacht habe«, erklärte sie mit besorgter Miene. »Ritter Henri und Ritter Robert kommen beide aus sehr angesehenen Familien. Mein Sohn hat Natalie sehr nachdrücklich aufgefordert, den Sieger zum Manne zu nehmen, wer es auch sei. Einen besseren gäbe es einfach nicht. Meine Enkelin hätte vermutlich nachgegeben, wenn ich ihr nicht vorher Euren Rat übermittelt hätte, die Flinte nicht ins Korn zu werfen. So aber hat sie sich Bedenkzeit ausgebeten. Soll ich ihr nicht doch empfehlen, den Wunsch ihres Vaters zu erfüllen? Die Töchter anderer Burgherrn würden sich glücklich schätzen, Henris oder Roberts Gemahlin zu werden.«

»Wenn der Sieger ein roher Bursche ist, darf Fräulein Natalie ihn auf keinen Fall heiraten«, sprach Gilbert mit Nachdruck, ohne ein Wort des Meisters abgewartet zu haben.

Die Gräfin schaute Gilbert beinahe vorwurfsvoll an: »Die Jugend hat oft Träume wie Schäume, sie kennt nur weiß oder schwarz. Das wirkliche Leben aber liegt meist in der Mitte.«

Gilbert schüttelte den Kopf: »Eure Enkelin verdient nicht, daß man sie zwingt. Mein Kollege hat schon davor gewarnt, daß sie zerbrechen würde.«

Nostradamus hatte bis dahin dem Eifer Gilberts freien Lauf gelassen. Jetzt schien es ihm ratsam, ihn ein wenig zu dämpfen: »Wenn Gräfin Melanie ihrer Enkelin erzählt, wie vehement Ihr Euch für diese einsetzt, wird sie Euch wie einen rettenden Strohhalm ansehen. Der Strohhalm aber wird in

Kürze fortschwimmen, ohne daß sie ihn festhalten kann. Dann wird sie sich im Stich gelassen fühlen.«

»Euer Vergleich mit dem Strohhalm gefällt mir«, ergriff die Gräfin das Wort, »ich werde ihn Natalie vor Augen halten. Dann mag sie selber entscheiden, was sie tun oder lassen wird. Euch danke ich von Herzen für Eure Hilfe und lade Euch ein, als meine Gäste an der abendlichen Feier nach dem Endkampf teilzunehmen. Wer weiß, vielleicht wird eine Verlobung bekanntgegeben.«

Am folgenden Morgen wurde vor Beginn des Finales eine Messe gefeiert. Da die Burgkapelle zu klein war, hatte der Priester einen Altar auf dem Burghof aufbauen lassen. Hätte er gewußt, was inzwischen auf dem Turnierfeld geschah, hätte er die Kämpfer gewiß nicht in seine Gebete eingeschlossen. Die zwei Teilnehmer am Finale, die sich spinnefeind waren, hatten nämlich dafür gesorgt, daß unterdessen die Barriere, die zwischen den Kämpfern mit stumpfen Waffen entlanglief, entfernt wurde. Das bedeutete einen Kampf mit scharfen Waffen wie im Krieg.

Die Menge strömte nach der Messe zur Tribüne. Auch Nostradamus und Gilbert gehörten dazu. »Es wird hoch hergehen«, belehrte ein junger Zuschauer Gilbert, »sie kämpfen mit allen Waffen und mit schnellen Pferden, es geht um Leben oder Tod.«

Es dauerte seine Zeit, bis die Tribüne voll besetzt war. Dann versammelten sich die Schiedsrichter unter dem Baldachin, und am Schluß erschien die gräfliche Familie. Auf einen Wink des Burgherrn erklangen die Fanfaren, die Tore zu beiden Seiten des Feldes öffneten sich, und wieder riefen die Herolde: »Ihr tapferen Ritter, tut Eure Pflicht, verdient Euch den Preis der Schönheit und der Liebe!«

Die zwei Gegner trabten einander beobachtend langsam aus den Toren. Außer dem Knirschen der Hufe im Sand war es still wie vor dem Sturm. Als erster beschleunigte Ritter Henri sein Pferd, und daraufhin galoppierten beide Reiter mit eingelegter Lanze aufeinander los. Der Zusammenprall schien unausweichlich, da ließ Ritter Robert sein Pferd mit leichtem Schenkeldruck zur Seite ausbrechen und um den Gegner herum eine enge Schlaufe reiten. Es lag auf der Hand, er wollte von hinten angreifen. Ritter Henri, gewitzigt aus vielen Turnieren, erkannte sogleich die Gefahr und wendete, war indessen nicht schnell genug. Die Lanze Ritter Roberts traf seinen Schild mit unheimlicher Wucht in der Mitte und blieb darin stecken. Verzweifelt schlug Ritter Henri mit der eigenen Lanze gegen die des Gegners, während die Pferde sich ineinander verbissen und mit den Vorderhufen zu treffen versuchten. Endlich brach die Lanze aus dem Schild heraus, in diesem Augenblick aber sausten die ersten Schwerthiebe auf Helm und Harnisch Ritter Henris herab. Dieser gab seinem Pferd die Sporen und galoppierte seinem Gegner in einem weiten Bogen davon. Als Ritter Robert ihm wieder näherkam, drehte er um und trachtete danach, in einem Bogen von der Seite anzugreifen. Ritter Robert ritt seinerseits einen Bogen, und wie auf Befehl rasten beide mit gezogenen Schwertern aufeinander los. Krachend und klirrend trafen die Schläge auf Schilde und Rüstungen, bis es Ritter Robert gelang, hinter dem Schild seines Gegners seitlich einen Stoß gegen dessen Helm anzubringen. Ritter Henri bemühte sich, im Sattel zu bleiben, verlor jedoch das Gleichgewicht und rutschte in die Bahn. Er stützte sich auf beide Hände, da war sein Gegner schon neben ihm. Ein harter Schlag auf den Helm hinterließ einen langen Spalt, und Ritter Henri sackte zu Boden. Ein Trompetenstoß verkündete das Ende des Kampfes.

Während der Unterlegene schwer verletzt fortgetragen wurde, ritt der Sieger zur Tribüne und stieg vom Pferd. Seine Knappen, die ihm gefolgt waren, banden ihm den Helm ab. Stolz trat er vor die Brüstung, an der Natalie bereits wartete. Sie empfing ihn mit dem Ruf: »Ritter Robert hat den Kampf gegen einen tapferen Gegner gewonnen. Er ist der Sieger des Turniers.« Er verbeugte sich, und Natalie legte einen goldenen Kranz auf sein Haupt. Als er sich wieder erhoben hatte, übergab sie ihm ein Schwert mit gold- und silberverziertem Griff. Trompetenschall und lang anhaltender Beifall der Menge schlossen die Ehrung des Siegers ab.

Auf dem Burghof warteten für jedermann Ochsen am Spieß, allerlei Gebäck, Wein, Bier und Most. Dort ergab sich die Gelegenheit, mit Freunden oder mit Unbekannten über Kraft und Geschicklichkeit, Glück und Unglück sowie Bewaffnung und Pferde der Teilnehmer an den Wettkämpfen zu reden. Nostradamus und Gilbert hielten sich damit nicht auf, sondern strebten dem Gästehaus zu. »Natalie hat sich in ihr Schicksal ergeben«, sagte Gilbert mit enttäuschter Miene. Der Meister wiegte seinen Kopf hin und her. »Vielleicht – vielleicht auch nicht«, gab er zur Antwort, »heute abend wird sich herausstellen, wes Geistes Kind sie ist.«

Zum Fest im Rittersaal waren nur geladene Gäste zugelassen. Dem Burgherrn, seiner Familie und den Ehrengästen waren Plätze an einer Tafel vorbehalten, die auf einem Podest stand und auf diese Weise für die anderen Gäste sichtbar war. Gewiß hätten auch Nostradamus und sein Kollege zu den bevorzugten Gästen gezählt, wenn bekannt gewesen wäre, wer sie wirklich waren. So aber setzten sie sich an eine Tafel, von der sie die Burgherrenfamilie gut beobachten konnten.

Der Saal war bereits einige Zeit gefüllt, als das Burggrafenpaar, Gräfin Melanie, Fräulein Natalie und Ritter Robert unter den Klängen der Trompeten hereinkamen. Der Graf bat den Sieger des Turniers, ihm gegenüber Platz zu nehmen. Natalie saß nicht wie sonst zur Linken des Vaters, sondern zur Rechten der Mutter. Lauten und Zimbeln ertönten, während Wild und Geflügel aufgetragen und die Becher gefüllt wurden. Nachdem Ruhe eingetreten war, erhob sich der Gastgeber. Er begrüßte die Gäste und gab seiner Genugtuung Ausdruck, daß alle Kämpfer getreu ihrem Ritterschwur ein Vorbild der Tapferkeit gewesen seien. Der Sieger des Turniers sei mit Preisen schon ausgezeichnet worden, verdiene aber noch eine ganz besondere Belohnung. Graf Edmond schaute sich nach seiner Tochter um, und das Blut schoß ihm in den Kopf. Ihr Platz war leer. Sie mußte sich während seiner kurzen Ansprache davongeschlichen haben. »Bringt meine Tochter herbei, sofort!« schrie er einen hinter ihm stehenden Diener an. Dieser hielt ihm wortlos ein beschriebenes Pergament hin. Der Graf riß es ihm aus der Hand und überflog es. »Unerhört, ganz unglaublich«, murmelte er, dann blickte er sich im Saale um und sprach mit einer Stimme, die seine Verbitterung deutlich wiedergab: »Verehrte Gäste! Ihr habt davon gehört, daß eine Verlobung bevorstehen soll. Nach der Mitteilung, die ich in den Händen halte, ist sie nicht mehr möglich. Ich will nicht damit hinter dem Berge halten, was meine Tochter mir geschrieben hat. Hört zu, ich lese vor:

RITTER HENRI IST SEINEN VERLETZUNGEN ERLEGEN.
RITTER ROBERT HAT IHN GETÖTET, WEIL BEIDE MITEINANDER VERFEINDET WAREN.
ER BRAUCHTE SEINEN GEGNER NICHT ZU ERSCHLAGEN, UM ZU GEWINNEN.
DESHALB KANN ICH NICHT DIE GEMAHLIN RITTER ROBERTS WERDEN.
ICH WILL ES NICHT UND LASSE MICH AUCH NICHT ZWINGEN.

Ich bedaure das Benehmen meiner Tochter zutiefst und muß mich für sie bei Euch, Ritter Robert, entschuldigen, sie hat offenbar nicht verstanden, daß die Ehre des Ritters den Tod im Kampf mit einschließt. Ihr werdet wohl selbst auf eine Vermählung mit meiner Tochter keinen Wert mehr legen.«

Ritter Robert war aufgestanden. Äußerlich kühl und ungerührt entgegnete er: »Meine ritterliche Ehre ist mit Füßen getreten worden. Um Eurer Entschuldigung willen verzichte ich darauf, Euch zum Zweikampf zu fordern. Die Siegesfeier ist mir allerdings gründlich vergällt.« Mit erhobenem Haupt verließ er den Saal.

Betretenes Schweigen herrschte. Des Grafen Blicke gingen

ins Leere, er ähnelte eher einer Statue als einem lebendigen Menschen. Erst als Gräfin Eugenie ihm etwas zugeflüstert hatte, faßte er sich wieder und rief: »Meine Gemahlin hat recht, was sollen wir uns eines jungen Mädchens wegen die Festesfreude verderben lassen? Langt bitte zu, als ob nichts geschehen wäre, Ihr sollt es nicht bereuen, meine Gäste gewesen zu sein. Musikanten, spielt auf, erfreut uns mit lustigen Weisen!«

Als die Gäste sich einigermaßen beruhigt hatten, erhob sich die Mutter des Burgherrn und schickte zu Nostradamus und Gilbert, sie möchten ihr folgen. Sie stiegen die Treppe hinab zu dem schon bekannten Raum, der durch Kerzenlicht und Öllämpchen schwach erleuchtet wurde. »Mein Enkelkind will nicht wahrhaben, daß ihr Leben als Begleiterin ihrer Mutter ein Ende haben muß«, sprach Gräfin Melanie traurig. »Wie könnt Ihr Natalie helfen?«

»Ich muß Euch enttäuschen«, gab Nostradamus zur Antwort, »wo Einsicht und Wille des Patienten fehlen, müht sich der beste Arzt umsonst. Ihr könnt lediglich beten und auf eine gütige Fügung des Schicksals hoffen.«

»Pardon, dem kann ich nicht beipflichten«, widersprach Gilbert dem Meister. »Ich würde gern den Versuch unternehmen, Fräulein Natalie zu überzeugen, daß sie Freude und Glück auch in anderen Dingen zu finden vermag, als sie ihr von ihrer Mutter geboten wurden. Allein das erfordert seine Zeit, und wir müssen morgen abreisen. Ich würde den Versuch aber nachholen, wenn Eure Enkelin bei unserer Rückkehr damit einverstanden ist.«

»Also bleibt mir vorläufig nur das Gebet und die Hoffnung auf eine gütige Schicksalsfügung«, entgegnete die Gräfin seufzend, »dennoch vergeßt nicht, uns wieder zu besuchen. Lebt wohl, ich wünsche Euch eine gute Reise.«

Am Morgen darauf waren Nostradamus und sein Gefährte nicht die einzigen, die sich im Stall um ihre Pferde kümmerten. Mehrere Knechte waren mit dem Anlegen des Zaumzeugs und dem Befestigen der Sättel bei anderen Pferden beschäftigt. Einen von ihnen hörten sie sagen: »Die Gräfin will mit ihrer Tochter zum Waldsee reiten, um ihr den Kopf zu waschen, Du weißt schon, wegen des Vorfalls gestern abend, und wir sollen sie begleiten, weil das Turnier so viele Strauchdiebe angelockt hat.«

Vor dem Stall waren Gräfin Eugenie und Natalie bereits aufgesessen, als unsere beiden Flüchtlinge ihre Pferde hinausführten. Die Gräfin forderte ihre Tochter in nicht besonders freundlichem Tone auf, die Spitze zu übernehmen, sie brauche ihr nicht immer zu folgen wie ein Küken der Henne. Natalie trabte los, die Mutter ritt in einem Abstand von etwa fünfzig Ellen hinterher, nach ihr hielten fünf bewaffnete Knechte den gleichen Abstand ein, den Schluß bildeten Nostradamus und sein Kollege. Ein Knecht wandte sich zu ihnen um und erklärte: »Wir reiten auf einer Abkürzung zum Waldsee, dort trefft Ihr wieder auf die Straße ins Tal.«

Der Weg führte durch einen hohen Mischwald und war so schmal, daß man in einer Reihe nacheinander reiten mußte. Als der Wald sich ein wenig lichtete, bog Natalie rechts ab und entschwand den Blicken der nachfolgenden Gruppe. Gräfin Eugenie ließ ihr Pferd auf dem leicht abschüssigen Untergrund in einen schnelleren Trab übergehen, um zu ihrer Tochter aufzuschließen. Sie erreichte gerade die Biegung, da stolperte ihr Pferd und schlug zu Boden. Sie selbst flog mit einem Schrei des Entsetzens über das Tier hinweg in einen Abgrund.

Natalie, die den Schrei vernommen hatte, und die hinten reitende Gruppe kamen gleichzeitig an der Absturzstelle an. Die Knechte kletterten, sich an Felskanten und Sträuchern festhaltend, hinunter, Gilbert half Natalie beim Absteigen, und der Meister beruhigte das Pferd der Gräfin, das blutende Schürfwunden erlitten, sich aber von selbst wieder auf die Beine gestellt hatte.

Die Knechte schleppten die Verunglückte vorsichtig nach oben. Sie war mit dem Kopf gegen einen Felsen geschleudert worden und, wie Nostradamus feststellte, sofort tot gewesen.

Er gebot den Knechten, sie auf ein anderes Pferd zu legen, festzubinden und im Schritt zur Burg zu führen. Natalie war tränenüberströmt und wollte neben ihrer Mutter einhergehen, doch Gilbert ließ es nicht zu. »Der Anblick ist nichts für Euch, und der Fußmarsch ist zu lang«, sagte er zu ihr, indem er sie bei der Hand nahm, »kommt mit auf mein Pferd, ich bringe Euch zurück.«

Willenlos ließ sich das Mädchen beim Aufsteigen helfen. Sie schluchzte immerfort, ohne ein verständliches Wort herauszubringen. Auf dem Burghof angekommen, band Gilbert sein Pferd neben drei anderen fest, die vor wenigen Augenblicken eingetroffenen Besuchern gehörten. Er stütze Natalie, als sie zum Palas hinübergingen, und rief einer Magd zu, sie möge eiligst den Burggrafen und Gräfin Melanie herbeiholen.

Natalie setzte sich auf eine Bank, drohte jedoch umzukippen. Gilbert nahm neben ihr Platz und ergriff wieder ihre Hand, die ihn an irgendetwas erinnerte. Plötzlich fiel es ihm ein. Die Hand fühlte sich genau so an wie die pfirsichähnliche Frucht, von der er im Hause des Meisters geträumt hatte. Die Herren der Inquisition hatten seinen Traum jäh unterbrochen, als sie an die Tür klopften.

Es währte nicht lange, und Gräfin Melanie trat herzu. »Natalies Mutter ist vom Pferd gestürzt, sie ist tot«, sagte Gilbert leise, »die Knechte werden mit ihr in einiger Zeit zurückkehren. Kommt der Burggraf nicht?«

Erschüttert blickte die Gräfin auf ihre Enkelin. »Haben wir nicht gestern vom Schicksal gesprochen?« fragte sie. »Ein solches Schicksal hat allerdings niemand im Auge gehabt. Schlimmeres konnte Natalie nicht geschehen. Ich werde meinen Sohn holen. Drei Besucher, die nach irgendwelchen Bösewichten forschen, sind bei ihm.«

»Geht nicht fort, bleibt bei Eurer Enkelin«, bat Gilbert die Gräfin eindringlich, »ich muß Euch wieder verlassen, mein Kollege wartet im Wald.« Mitleidig strich er der mit geschlossenen Augen dasitzenden Natalie über das Haar, begab sich mit festen Schritten auf den Burghof zu seinem Pferd und trabte langsam aus dem Tor hinaus. Dann aber trieb er das Pferd zu schnellerer Gangart an.

An der Unglücksstelle fand Gilbert sein Packpferd und die Pferde seines Kollegen angebunden, ihn aber sah er nicht. Er rief nach ihm, allerdings vorsichtshalber mit dem Namen Albert, und bekam Antwort aus dem Abgrund, wo die Burgherrin den Tod gefunden hatte. Nostradamus war dabei, heraufzuklettern und hielt einen blinkenden Gegenstand in der Hand. Auf dem Wege angekommen, zeigte er Gilbert ein Jagdmesser mit einem Hirschhorngriff. »Am Griff ist ja ein silbernes Wappen mit einem Drachen«, bemerkte Gilbert und dachte gleich an Ritter Robert. »Ihr hegt denselben Verdacht wie ich«, entgegnete der Meister, »ich bin zuversichtlich, daß wir das Rätsel um den Tod der Gräfin lösen werden. Ich muß mir die Sache durch den Kopf gehen lassen, heute abend werden wir uns darüber unterhalten.«

Gilbert erzählte von den Besuchern beim Burgherrn. Möglicher Weise war die Inquisition wieder schneller gewesen, als er und sein Meister angenommen hatten. Dann würden sich die drei Männer sehr bald an ihre Fersen heften. Die beiden Flüchtlinge ritten daher mit nur wenigen Ruhepausen den ganzen Tag über in nordöstlicher Richtung ihrem Ziele entgegen. Bei Anbruch der Dunkelheit hielt Nostradamus am Rande einer Ortschaft. »Auf der Straße sind so zahlreiche Eindrücke von Pferdehufen, daß sich unsere Spuren verwischen«, erklärte er, »die Späher der Inquisition werden annehmen, wir seien in den Ort hineingeritten. Das tun wir besser nicht. Wir reiten eine Strecke zurück in den Wald, in ihm sind wir sicher.«

Im Walde kamen sie auf einer Anhöhe zur Ruine einer ausgebrannten kleinen Burg. Das Innere des Gemäuers war von allerlei Getier bewohnt, das hin- und herhuschte, und bot sich nicht für eine Übernachtung an. Sie ritten um die Außenmauer herum und ließen sich an der Rückseite auf weichem Waldboden nieder. Zwischen rasch herbeigetragenen Steinen entfachten sie ein Feuer, das von der Straße nicht eingesehen werden konnte und die lästigen Stechmükken vertrieb. Über ihnen schaute vom Geäst eines Baumes ein Eulenpaar mit leuchtenden Augen herab und schien aufmerksam zuzuhören, als der Meister begann, das Ergebnis seiner Überlegungen zum Tod der Gräfin kundzutun. »Das Messer gehört Ritter Robert«, sprach er in überzeugtem Ton, »allerdings ist der Drache ein Familienwappen, das Messer könnte also auch von einem anderen Familienmitglied stammen. Doch wer außer Ritter Robert konnte einen Grund haben, jemand aus der Familie von Graf Edmond zu töten? Den Nachweis, daß er es war, müssen wir uns aufsparen. Unterstellen wir, daß er sich rächen wollte und mit seinem Jagdmesser in der Hand auf die Reiter gewartet hat. Wozu tat er das? Die Antwort kann ich Euch geben. Sind Euch die blutigen Striemen an den Vorderbeinen von Gräfin Eugenies Pferd nicht aufgefallen? Sie stammten von einem Seil, das zuerst mit Laub bedeckt auf dem Wege gelegen hat. Unterhalb des Weges auf der linken Seite hatte Ritter Robert das eine Ende an einem Baum festgebunden. Die Einkerbungen in der Rinde sind noch erkennbar. Das andere Ende hatte ein Komplize rechts oberhalb des Weges um einen Baumstamm herumgelegt, um es im geeigneten Augenblick hochzuziehen. So verfuhr er, als die Gräfin heranritt. Als das Unglück geschehen war, holte Ritter Robert das Seil Hand über Hand nach unten und löste es vom Baum, indem er den Knoten durchschnitt. Er flüchtete mit dem Seil, hatte jedoch das Pech, nach wenigen Schritten auszugleiten und das Messer zu verlieren. Wegen des sich nähernden Reitertrupps hatte er keine Zeit mehr, es zu suchen. Dies wird er inzwischen nachgeholt haben, freilich ohne Erfolg, da ich das Messer unter einem Strauch hervorgeholt habe.«

»Das klingt alles so, als ob Ihr den ganzen Hergang von einem Versteck hättet verfolgen können, kann aber nicht stimmen«, warf Gilbert, das Kinn auf die Faust gestützt, ein. Hat nicht Ritter Robert bei der Tafelrunde die Entschuldigung des Burgherrn angenommen? Würde es nicht seiner ritterlichen Ehre gröblich widersprechen, sich anschließend an der Gemahlin des Burgherrn zu rächen?«

Nostradamus nickte zustimmend: »Dieser Ansicht bin ich auch, Gilbert, doch hat er die Gräfin gar nicht umbringen wollen, sondern Natalie. Er hatte herausgefunden, daß Gräfin Eugenie bis dahin stets an der Spitze und ihre älteste Tochter dahinter zu reiten pflegten. Daß es dieses Mal umgekehrt war, konnten er und sein Komplize nicht ahnen. Sie hätten selbst von einem günstigeren Standpunkt aus den Tausch nicht entdecken können, da die Damen die gleiche Kleidung trugen und sich auch sonst so ähnlich waren. Es war ein Irrtum, daß die Gräfin sterben mußte.«

»Also war es eine versuchte Rache an Natalie, weil sie Ritter Robert zurückgewiesen und beleidigt hat.«

»Das trifft den Nagel auf den Kopf«, bekräftigte Nostradamus, »und mit dem Messer werden wir Ritter Robert eines Tages überführen. Legen wir uns erst einmal auf's Ohr, bis zur Grenze ist es noch weit.«

Während die beiden Flüchtlinge in den verdienten Schlummer fielen, schwebte das Eulenpaar davon, um zu jagen. Es hatte wohl so lange ausgehalten, weil es die Mordgeschichte zu Ende hören wollte.

Die weitere Flucht gestaltete sich beschwerlich und umständlich, weil sich Nostradamus und Gilbert im Unklaren darüber waren, ob die Häscher der Inquisition sie überholt hatten oder sich noch hinter ihnen befanden. Um einer Begegnung auszuweichen, mieden sie die Hauptstraße und benutzten, sich von Ort zu Ort durchfragend, einsame Wege, die sich durch Felder, Wiesen und Wälder hindurchschlängelten. Einen Fluß überquerten sie, wo ein breiter Fährkahn zur Verfügung stand. Da der Fährmann nicht mehr als zwei Pferde gleichzeitig befördern konnte, benötigten sie zwei Fuhren. Die Verzögerung nahmen sie gelassen hin, waren sie doch ohnehin nur langsam vorangekommen.

Endlich war es so weit, daß sie die Grenze zum Nachbarland unbehelligt überschritten. Die größte Gefahr war vorerst überstanden, und sie trabten mit frischem Mut ihrem Ziel entgegen. Am dritten Tage nach Verlassen der Grenze lag es eines Morgens auf einer Anhöhe von der Sonne beschienen vor ihnen. Dort hofften sie Ruhe zu finden vor der Unbarmherzigkeit der Verfolger.

3. Kapitel

DIE ZEIT DER ERWARTUNG

Das Tor zum Klosterhof war verschlossen. Sie klopften kräftig. Es näherten sich Schritte, und eine Klappe wurde zur Seite geschoben. Ein älterer Bruder musterte sie von oben bis unten und fragte nach den Wünschen der Ankömmlinge. »Wir sind zwei Ärzte und möchten den hochwürdigsten Herrn Abt in einer wichtigen Angelegenheit sprechen«, erklärte ihm Nostradamus. Mit einem »Deo gratias« öffnete der Bruder das Tor und ließ die beiden herein. »Abt Godefroy wird gleich aus der Kirche kommen«, sagte er freundlich, »folgt mir bitte.« Vor dem Kirchenportal bat er die Fremdlinge zu warten. Es währte einige Augenblicke, bis die schlanke weißgekleidete Gestalt des Abtes die Stufen vom Portal herabschritt und Nostradamus und Gilbert mit seinem Segensgruß willkommen hieß. Er nahm sie mit auf ein kleines Zimmer, das zum Empfang seiner Gäste bestimmt und mit dem Notwendigsten ausgestattet war. »Ehrwürdiger Vater«, begann Nostradamus, »eine weite Reise aus dem Süden hat uns zu Euch geführt. Habt Ihr die Güte, uns Unterkunft zu gewähren?«

Der Abt neigte den Kopf und antwortete in freundlichem Tone: »Alle, die um unsere Gastfreundschaft bitten, sollen bei uns aufgenommen werden.«

»Ich habe Euch noch mehr zu sagen«, setzte Nostradamus seine Rede fort. »Ihr habt wohl schon vernommen, daß wir Ärzte sind. Wir würden es sehr zu schätzen wissen, wenn wir in Eurer Bibliothek die Traktate der alten Meister auf den Gebieten der Medizin und Pharmazie studieren dürften.«

»So, so«, unterbrach ihn Abt Godefroy, »es geht Euch also nicht bloß um eine Übernachtung.«

»Ihr habt recht«, sagte Nostradamus mit gedehnter Stimme, »das Wichtigste steht sogar noch aus. Darf ich Euer Hochwürden eine Geschichte erzählen, die sich wahrhaftig zugetragen hat? Wegen ihrer Verderbnis und Sündhaftigkeit schickte der Herr den Menschen eine fürchterliche Krankheit, welche die Einwohner von Städten und Dörfern in kurzer Zeit dahinraffte. Man sollte annehmen, daß die Übriggebliebenen in Sack und Asche gingen und sich besserten. Weit gefehlt! So nimmt es nicht Wunder, daß der Herr die Geißel der Krankheit nochmals und nochmals schickte. Die meisten Ärzte verließen, um das eigene Leben zu retten, die Gegenden, wo die Krankheit auftrat. Einige blieben und halfen, wo sie konnten. Dank sei dem Herrn, daß ich zu ihnen gehörte und viele Menschen vor dem Tode bewahrte. Nachdem die Krankheit wieder verschwunden war, ließ ich mich in einem Städtchen nieder, das mir sehr gefiel. Ich hatte bald guten Zulauf. Mein Reisegefährte diente mir zunächst als Famulus, inzwischen ist er ein fähiger Arzt und guter Kollege geworden. Andere Ärzte aber neideten mir den Erfolg. Vergeblich suchten sie mir Fehler bei der Behandlung der Kranken nachzuweisen. Schließlich verfielen einige auf einen sonderbaren Ausweg. Sie hatten davon gehört, daß man zur Vernichtung eines Feindes einen schwarzen Wolf mieten konnte. Das taten sie, und seitdem hat sich der Wolf an unsere Fersen geheftet. Bei Euch fühlen wir uns sicher. Seid großmütig und verleiht uns Euren Schutz. Ihr könnt darauf bauen, daß wir uns keiner Schuld bewußt sind.«

»Ich verstehe«, erwiderte der Abt, »Ihr braucht keine Unterkunft, sondern einen Unterschlupf. Nach dem, was Ihr erzählt habt, kann ich mir denken, wer Ihr seid. Ich werde Euch beherbergen, solange es möglich ist. Allerdings muß ich diese wichtige Angelegenheit erst mit dem Rat der Brüder erörtern. Ich weiß nicht recht, was wir tun sollen, wenn der Wolf auf einmal vor unserem Tore auftaucht und zu heulen beginnt.«

»Laßt Euch darüber keine grauen Haare wachsen«, sprach Nostradamus zuversichtlich. »Sofern der Wolf nach zwei Flüchtigen fragt, so antwortet, daß Ihr einen Meister Albert und dessen Kollegen Arnold aufgenommen habt. Die weitere

Verhandlung mit dem Wolf könnt Ihr mir überlassen, ich weiß, wie man ihn anpackt. Bedenkt auch, daß wir Euch sehr nützlich sein können, falls, was der Herr verhüte, die geschilderte Krankheit das Land überzieht. Wir würden dann alles tun, um Euch, Eure Brüder und, wenn Ihr es wünscht, die Dörfer ringsum vor Schaden zu bewahren.«

»Es ist die Pest, von der Ihr redet, nicht wahr?« fragte Abt Godefroy, »sie ist wahrlich eine Geißel für die sündige Menschheit. Die Gnade Gottes hat mein Kloster bisher vor ihr beschützt. Doch bin ich gar nicht sicher, ob nicht die nächste Welle dieser Krankheit auch meine Schafe erfassen wird. Ich danke Euch daher für Euer Anerbieten. Ihr könnt Euch jetzt vom Cellerar Euer Gästezimmer zeigen lassen. Das Mittagsmahl werdet Ihr mit mir zusammen einnehmen.«

Zum Essen gab es zweierlei Gemüse, Brot, Obst und sehr herben Wein, der den Gästen nicht sonderlich zusagte. Von ihrer südlichen Heimat her waren sie einen mit viel vollerer Blume gewöhnt. Das störte sie jedoch nicht. Ihnen kam es darauf an zu erfahren, ob sie im Kloster bleiben dürften. Gerade dazu wollte der Abt nichts verlauten lassen. Stattdessen stellte er Nostradamus die Frage: »Meister Albert, habt Ihr uns nicht zu wenig verraten, als Ihr Euch als Arzt ausgabt? Lest Ihr nicht die Zukunft aus den Sternen? Sagt mir, was für mich in den Sternen beschlossen ist.«

»Hochwürdigster Abt, diese Frage wäre gewiß eine Falle, wäre sie vom schwarzen Wolf und nicht von Euch an mich gerichtet worden. Niemand sollte behaupten, aus der Stellung der Sterne zueinander über einem bestimmten Ort zur Zeit der Geburt eines Menschen dessen Schicksal vorhersagen zu können. Sonst wäre ja das Schicksal unausweichlich festgelegt. Wo gäbe es noch einen freien Willen, der den Menschen zwischen ›gut‹ und ›böse‹ wählen ließe?«

»Oh«, kam es bewundernd aus dem Munde des Abtes, »Ihr seid in der Theologie nicht unbewandert und wäret für den schwarzen Wolf kein einfacher Gegner. Aber ich bin noch nicht zufrieden. Habt Ihr denn nicht nach Beobachtung der

Sterne Kriege, Krankheiten und verheerende Unwetter geweissagt?«

»Das hat mit dem freien Willen des Menschen allerdings nichts zu tun«, gab der Meister zur Antwort. »Die Sterne habe ich nur zu Hilfe genommen, um zu überprüfen, ob die Gesichte, die ich hatte, nicht Hirngespinste und irreführende Träume waren. Damit habe ich nichts Unrechtes getan. Bei Thomas von Aquin könnt Ihr es nachlesen.«

Verdutzt legte Abt Godefroy seinen Löffel auf den Tisch. »Bei Euch kann ich einiges hinzulernen«, sprach er anerkennend, »ich finde es unbegreiflich, daß Euch der schwarze Wolf verfolgt. Das werde ich dem Konvent der Brüder klarzumachen suchen.«

Nach der Mittagsmahlzeit opferten die Patres und die Laienbrüder des Klosters einen Teil ihrer Ruhepause, um mit dem Abt zu beraten. Nostradamus und Gilbert schritten unterdessen den Kreuzgang auf und ab und überlegten, was sie unternehmen sollten, wenn der Abt nach der Beratung im Konvent einen längeren Aufenthalt im Kloster ablehnen würde. Knapp eine halbe Stunde mußten sie ausharren, bis sie der Abt in den Kapitelsaal rufen ließ und ihnen folgendes eröffnete:

»Meister Albert, Meister Arnold!
Es ist bei uns die Regel, daß wir Pilger und andere Reisende wie unseren Herrn Jesum Christum bei uns aufnehmen. Gemeint sind eigentlich nur Gäste, die alsbald wieder abreisen. Ihr aber möchtet länger bei uns bleiben. Wir wollen Eure Bitte nicht abschlagen, doch müßt Ihr mit bestimmten Bedingungen einverstanden sein, die ich Euch hiermit bekanntgebe:
Meister Albert wird uns als Arzt bei allen schweren Erkrankungen zur Verfügung stehen, vor allem wenn, was der Herr verhüten möge, die Pest bei uns auftritt. Es steht ihm frei, unsere Bibliothek zu benutzen. Die Erkenntnisse, die er dabei gewinnt und schriftlich niederlegt, wird

er dem Kloster ohne Einschränkung zugänglich machen. Damit er nicht außerhalb unserer Gemeinschaft steht, wird er mindestens ein Mal jeden Tag an einer Lesung und einem Chorgebet teilnehmen.
Nun zu Meister Arnold, seinem jüngeren Kollegen. Wir haben uns schwer getan, auch für ihn eine Lösung zu finden. Die gleiche Freiheit wie Meister Albert möchten wir ihm nicht zugestehen. Es gibt nur einen Ausweg: Er wird als Novize bei uns eintreten! Novizenmeister ist Pater Ermoldus, von ihm wird er in unsere Regel und in das Chorgebet eingeführt werden. Er wird genügend Zeit bekommen, sich zu überlegen, ob er sich für das ganze Leben binden und in unserem Kloster auf dem Weg zur Vollkommenheit fortschreiten will. Wir würden uns freuen, wenn er sich hierzu entschließen würde.«

Nostradamus fiel die Entscheidung leicht. Er stimmte ohne Zögern zu. Gilbert sah man an, wie er um die Antwort rang. Die Flucht vor der Inquisition hatte ihn indessen zu einem Mann werden lassen, der das Für und Wider rasch abzuwägen verstand. »Hochwürdigster Herr Abt, Euer Angebot ehrt mich sehr«, gab er zur Antwort, »ich nehme es dankbar an, obwohl ich nicht versprechen kann, daß ich mich seiner würdig erweisen werde.«

Während Abt Godefroy mit Nostradamus die Bibliothek aufsuchte, mußte Gilbert seine Sachen aus dem Gästehaus holen und in der Kleiderkammer abgeben. Er warf noch einen bedauernden Blick auf seine schöne schwarze Kleidung, die Nostradamus ihm hatte anfertigen lassen, dann erhielt er grobe Arbeitskleider und zur Teilnahme an gemeinsamen Übungen eine Tunika. Getrocknete Pflanzen, zerstoßene Steine und fertige Arzneien, die er in seiner Tasche mit sich trug, lieferte er auf Weisung des Novizenmeisters in der Klosterapotheke ab, wo ihn ein Bruder kühl, ja abweisend behandelte. Nicht viel besser erging es ihm im Noviziat, in dem die anderen Novizen, die meisten von ihnen jünger als Gilbert, ihre Mittagsruhe hielten. Pater Ermoldus mußte erst die Erlaubnis zum Reden erteilen, bevor sie ihn kurz begrüßten. Er hätte sich gern mit ihnen darüber unterhalten, warum sie in das Kloster eingetreten und seit wann sie hier waren, es blieb ihm jedoch nicht anderes übrig, als eine günstigere Gelegenheit abzuwarten.

Nach dem Besuch des Noviziats erläuterte ihm der Novizenmeister den Tageslauf, der um ein Uhr nachts mit der Mette begann und abends bald nach acht Uhr mit dem letzten Chorgebet, der Komplet, zu Ende ging. Dazwischen lagen außer weiteren Chorgebeten eine Betrachtung, zwei Lesungen, das Mittags- und das Abendmahl, die Arbeitszeiten und eine mittägliche Ruhepause. Gilbert wurde dank seiner ärztlichen Fähigkeiten Pater Placidus zugeteilt, der schon fortgeschrittenen Alters war und das Infirmie genannte kleine Krankenhaus innerhalb der Klostermauern leitete. Als Wichtigstes aber bekam Gilbert das Studium der Regel des heiligen Benedictus aufgetragen, die dieser schon etwa tausend Jahre früher aufgezeichnet hatte.

Nur allmählich gewöhnte sich Gilbert an seine neue Lebensordnung. Schwierigkeiten machte ihm anfänglich das Gebot der Schweigsamkeit. Reden und Lehren komme nur dem Meister, nicht den Schülern zu, betonte der Novizenmeister, und unter Schülern waren alle Novizen zu verstehen. Wie konnte er jedoch seine Gefährten im Noviziat näher kennenlernen, wenn das Gespräch so erschwert wurde? Oder waren Freundschaften überhaupt nicht gewollt, da sie als hinderlich für die Vervollkommnung des Menschen betrachtet wurden? Und noch etwas machte ihm zu schaffen. Pater Ermoldus hatte den Novizen bei Strafe untersagt, laut zu lachen oder andere zum Lachen zu reizen. Das bedauerte Gilbert, da er von Natur aus fröhlich war. Doch konnte das Verbot wohl nicht für die Infirmie gelten, zumal er sich mit den Kranken als Arzt ohnehin unterhalten mußte. Dieser Ansicht war jedenfalls Gilbert, nicht ahnend, daß er damit einen denkwürdigen Zwischenfall heraufbeschwören würde. Er betrat eines

Tages den Krankensaal mit einem kleinen Hündchen auf dem Arm und rief den Kranken zu: »Ich habe Euch heute einen gelehrten Kollegen mitgebracht, er nennt sich Doktor Canisius!«

Bei diesen Worten hielt er das Hündchen in die Höhe, so daß es vor Angst zu jaulen begann, und die Patienten brachen in ein schallendes Gelächter aus. Damit war der Spaß noch nicht zu Ende. Gilbert begab sich nämlich mit dem Hündchen zu jedem Bett und fragte es: »Sieht dieser Kranke nicht schon fieberfrei und fast gesund aus? Oder: Sollen wir ihm nicht einen heißen Tee verordnen oder kühle Wadenwickel machen lassen?« Wenn er dann mit großen Augen zu dem Hündchen herabschaute, bellte es kräftig, als ob es sagen wollte: »Ihr habt ganz recht, mit Eurem Befund bin ich einverstanden«, und jedes Gebell hatte ein erneutes Gelächter im Saal zur Folge.

Bevor der letzte Patient besucht war, traten der Novizenmeister und Pater Placidus in den Saal. Der erstere sagte streng: »Bruder Arnold, was tut Ihr? Über den ganzen Hof ist das Lachen und Bellen zu hören. Noch nie ist die Würde des Klosters so freventlich verletzt worden.«

Gilbert setzte das Hündchen auf den Boden. »Gilt denn das Verbot, laut zu lachen, auch für die Infirmie?« entgegnete er erstaunt, »wißt Ihr nicht, daß Lachen eine gute Medizin ist? Mein berühmter Namensvetter Arnold de Villanova hat einmal gesagt, daß außer einem guten Arzt, der Ruhe und der Mäßigkeit beim Essen auch der Frohsinn für die Heilung nötig sei. Danach habe ich mich gerichtet.«

»Euch sollte inzwischen bekannt sein, daß Ihr keine Widerrede geben dürft«, entgegnete Pater Ermoldus mit gerunzelter Stirn, »die rechte Demut müßt Ihr noch lernen. Nur weil Ihr neu seid, will ich Eure Verfehlung vergessen. Ich ermahne Euch aber, so etwas nicht zu wiederholen.«

Das Versprechen des Vergessens war sicherlich gut gemeint, doch auf bis heute ungeklärte Weise erfuhr der Abt von dem Vorfall. Er ließ Gilbert zu sich kommen und sprach mit einem kaum unterdrückten Lächeln zu ihm: »Ihr habt den Kranken gewiß eine Freude bereiten wollen, doch kann ich weitere Späße dieser Art nicht dulden. Der heilige Benedictus wußte sehr gut, daß die Menschen, vor allem wenn viele beisammen sind, die Grenze von frommer Heiterkeit zu albernem Geschwätz und dummem Lachen über nichtige Dinge nur allzu leicht überschreiten. Darum haltet Euch zurück, selbst wenn Ihr mit Kranken redet.«

Als Gilbert sich entschuldigen wollte, ließ es der Abt nicht zu. »Was Ihr von Arnold de Villanova berichtet habt, ist wahr«, sagte er begütigend, »es paßt allerdings nicht recht zur Infirmie unseres Klosters. Überlegt, wie Ihr den Kranken auf andere Weise eine Freude macht. Sofern Ihr nicht gegen unsere Regel verstoßt, habt Ihr meinen Segen.«

Damit war Gilbert in Gnaden entlassen. Er fühlte sich glücklich, im Kloster zumindest einen Freund gewonnen zu haben, und das war Abt Godefroy.

Die Zahl der Kranken verringerte sich im Laufe nur weniger Wochen auf die Hälfte. Die gesund gewordenen Patienten waren alle überzeugt, daß sie ihre Heilung allein dem ihnen als Bruder Arnold vorgestellten Gilbert zu verdanken hatten. Er selber war dessen nicht so sicher, zumal er häufig die beim Apotheker bestellten Medikamente überhaupt nicht geliefert bekommen hatte. Seine Bitte, die Arzneien seinerseits in der Apotheke zubereiten zu dürfen, war ihm ohne Begründung abgeschlagen worden.

Der Novizenmeister befand, daß es an der Zeit sei, Gilbert aus der Infirmie herauszunehmen, damit er nicht den Eindruck gewönne, er sei dort unentbehrlich. Darum teilte er ihn als Bäckergehilfen ein und hoffte, daß die schwere Arbeit beim Teigkneten und Schleppen der Mehlsäcke und Brottröge die Demut in seinem Zögling fördern würde.

Gilbert gewöhnte sich schnell an seine neue Tätigkeit und war bei den Bäckergesellen bald beliebt, weil er sich vor keiner Mühe scheute. Als er eines Morgens die Backstube betrat, stand einer der Gesellen mit aufgerissenen Augen in heller Aufregung vor ihm. Er war von einer Ratte gebissen worden, die mit aufgedunsenem Bauch laut quiekend auf dem Boden herumkroch. »Sie ist vom Teufel besessen«, schrie der Bäckergeselle, »seht Ihr nicht, wie böse sie mich anguckt?«

»Sie ist krank«, erwiderte Gilbert gelassen, »weshalb soll der Teufel in ihr stecken?«

»Der Teufel und seine bösen Geister wohnen gern in Ratten, Kröten und Raben«, jammerte der Gebissene, »was soll ich machen? Ich spüre schon, daß der Teufel in meinem Arm heraufkrabbelt!«

»Da müssen wir allerdings sogleich etwas unternehmen«, sagte Gilbert mit besorgter Miene. Er holte Pater Placidus, der einen Pflanzensaft gegen Vergiftung und Verbandszeug mitbrachte. Zum Erstaunen des Paters wickelte Gilbert in den Verband ein rasch aus Zweigen gebasteltes kleines Holzkreuz ein, das den Teufel zum sofortigen Verlassen des Bäckers bewegen würde. Und in der Tat fühlte sich dieser auf der Stelle viel besser. Bereits nach drei Tagen waren die Wunden ohne Entzündung verheilt.

Die wunderbare Rettung des Gesellen sprach sich wie mit einem Lauffeuer im Kloster herum. Nun war eine Teufelsaustreibung nicht gerade Sache eines Novizen. Doch niemand, nicht einmal der Novizenmeister, wagte, Gilbert darauf anzusprechen. Seine Kunst, mit dem Bösen umzugehen, war den Brüdern zu unheimlich, und vorwerfen konnte man ihm auch nichts. Zeugte es doch von einer tiefen Frömmigkeit, wenn er mit dem Kreuz gegen den Teufel zu Felde zog.

Nicht lange danach wurde Gilbert in der morgendlichen Lesung unterbrochen und in die Bibliothek gebeten. Auf dem Weg über den Hof begegnete er einer Gruppe Soldaten, die ihre Pferde tränkten. An der Seite stand ein mit zwei Pferden bespannter Wagen, der das bischöfliche Wappen trug. Hatte dieser Wagen einen hohen Besuch zum Abt gebracht? Es sollte sich gleich herausstellen, wer es war.

In der Bibliothek saßen ein dicklicher Prälat und der Abt beieinander am Tisch, Nostradamus hatte ihnen gegenüber

Platz genommen. Abt Godefroy bedeutete Gilbert, er möge sich neben seinen älteren Kollegen setzen. »Es ist für uns eine Ehre«, erklärte er würdevoll, »den Herrn Commissarius der für unseren Bereich zuständigen Inquisition in diesem Kloster empfangen zu dürfen. Er hat ein Anliegen an Euch beide, das er Euch jetzt bekanntgeben wird.«

Der Commissarius machte mit seinen halb geschlossenen Augen, einer kurzen Nase, einer dicken vorgeschobenen Unterlippe und spöttisch herabhängenden Mundwinkeln keinen sonderlich vertrauenerweckenden Eindruck. »Es preiset den Herrn, wer den bösen Teufel aus seinem Herzen vertreibt«, begann er. »Das solltet Ihr tun, denn die Vorwürfe, die von Eurer heimatlichen Inquisition gegen Euch erhoben werden, wiegen schwer. Um es nicht zu vergessen, wir kennen Eure richtigen Namen. Ihr braucht also nicht mehr zu versuchen, Euch mit falschen Namen aus der Schlinge zu ziehen. Ihr, Nostradamus, seid ein gelehrter Mann und einer der besten Ärzte Eures Landes. Die Inquisition verkennt keinesfalls Eure besonderen Verdienste bei der Bekämpfung der Pest. Sie ändern aber nichts an der Strafbarkeit Eurer Verfehlungen. Diese sind durch Aussagen unbescholtener Zeugen belegt. Um das Verfahren zu Eurem Wohle abzukürzen, fordere ich Euch auf, eine mir übersandte Selbstanzeige zu unterschreiben, die ich hiermit verlese:

ICH, MICHEL DE NOSTREDAME,
GENANNT NOSTRADAMUS,
DOKTOR DER MEDIZIN,
DAS ÄRZTLICHE GEWERBE AUSÜBEND,
BEKENNE,
GESPRÄCHE MIT KETZERN GEFÜHRT
UND WEISSAGUNGEN MIT HILFE DES
SATANS GEMACHT ZU HABEN.
AUSSERDEM GESTEHE ICH,
MEINEN GEHILFEN, GILBERT DE VILLANOVA,
DAZU VERLEITET ZU HABEN,

PFLICHTWIDRIG EINE ANZEIGE GEGEN MICH
ZU UNTERLASSEN.
VOLL REUE UND ZERKNIRSCHUNG WERDE ICH
VOR DAS TRIBUNAL DER HEILIGEN INQUISITION
TRETEN UND DEM UMGANG MIT KETZERN FÜR
ALLE
ZEITEN ENTSAGEN UND JEGLICHER VERBINDUNG
ZUM TEUFEL ABSCHWÖREN.

DIE HEILIGE INQUISITION SICHERT MIR ZU,
WENN ICH DIESES DOKUMENT UNTERZEICHNE,
DASS MIR DIE NACH DEN VORLIEGENDEN ANZEI-
GEN
VERWIRKTEN STRAFEN OHNE EINSCHRÄNKUNG
ERLASSEN WERDEN.

IM FALLE EINER WIEDERHOLUNG MEINER VERFEH-
LUNGEN
MUSS ICH JEDOCH MIT EINEM
HARTEN URTEIL RECHNEN.

. . .

(UNTERSCHRIFT)

Seid Ihr, Nostradamus, bereit, das Dokument mit Eurer Unterschrift zu versehen?«

»Hochwürdiger Herr Prälat«, redete Nostradamus den Commissarius an, »Ihr habt die Selbstanzeige nicht aufgesetzt. Ich bitte Euch dennoch, mir bei ihrer Auslegung behilflich zu sein. Die Inquisition will mir aus Gnade und Barmherzigkeit diejenigen Strafen erlassen, die ich angeblich nach den vorliegenden Anzeigen verdient habe. Gesetzt den Fall, die Zeugen, die mir bestimmt nicht wohlgesonnen sind, würden morgen oder übermorgen weitere Anzeigen gegen mich abgeben. Was würde nach diesen Anzeigen geschehen?«

»Neu angezeigte Verfehlungen werden von dem Verzicht auf Bestrafung selbstverständlich nicht erfaßt. Ihr müßtet Euch ihretwegen vor dem Tribunal verantworten.«

»Dann würde ich allerdings sehr gern den Zeugen gegenübergestellt werden.«

»Ihr wißt doch, daß der Angeklagte die Zeugen nicht zu sehen bekommt und ihre Namen nicht erfährt. Sonst würden sich ja viele Zeugen nicht melden.«

»Und was kann ich gegen falsche Zeugen ausrichten? Ich habe manche Neider, die es darauf anlegen, mich zu verleumden und zu vernichten.«

»Die Richter des Tribunals werden zu unterscheiden wissen, ob der Angeklagte oder die Zeugen die Wahrheit sagen. Darauf könnt Ihr Euch verlassen.«

»Es ist nicht jedermannes Sache, Hochwürden, durch Gesetz und Recht hindurchzufinden. Weshalb sind denn beim Tribunal der Heiligen Inquisition keine Advokaten zugelassen?«

»Vor dem Tribunal sind Advokaten nicht vonnöten, da der Heilige Geist die Richter erleuchtet, auf daß sie den Weg der Gerechtigkeit nicht verfehlen.«

»Verzeiht meinen Einwand, Hochwürden, hätten nicht die Richter, erleuchtet vom Heiligen Geiste, längst meine Unschuld erkennen müssen?«

»Darf ich das so verstehen, daß Ihr die gegen Euch erhobenen Vorwürfe bestreitet?«

»Auf das Entschiedenste, Hochwürden! Könnt Ihr Euch aussuchen, mit wem Ihr sprecht? Gewiß, wenn Ihr die Gedanken der Menschen zu lesen vermöchtet, wäret Ihr in der Lage, zwischen treuen Christenmenschen und Abtrünnigen zu unterscheiden. Ich jedenfalls erinnere mich nicht, mit einem Ketzer Umgang gehabt zu haben. Und wie kommt die Inquisition dazu, den falschen Zeugen abzunehmen, meine Weissagungen hätten mit dem Teufel zu tun? Mit wem hatten denn die alten Propheten zu tun? Ist Euch nicht bekannt, daß für den Teufel die Zukunft in ein Dunkel gehüllt ist? Nur der

Vater im Himmel könnte Euch verraten, was in hundert, tausend oder mehr Jahren geschehen wird. Darum kann es nur eine göttliche Eingebung sein, die mir den Blick in noch ferne Zeiten öffnet.«

»Über diese Fragen müßt Ihr Euch mit dem Tribunal unterhalten, Nostradamus. Da Ihr die Selbstanzeige nicht unterschreiben wollt, bleibt sowieso nichts anderes übrig, als daß ich Euch und Euren Gehilfen mitnehme und der Inquisition in Eurem Lande übergeben lasse.« Mit diesen Worten erhob sich der Commissarius.

Nostradamus und Gilbert machten, wie wenn sie sich im voraus abgesprochen hatten, nicht die geringsten Anstalten aufzustehen. Auch der Abt blieb zunächst sitzen. Er war der Unterhaltung bis dahin äußerlich unbewegt, aber aufmerksam gefolgt. Jetzt wandte er sich an den Commissarius und erklärte mit fester Stimme: »Nostradamus studiert in unserer Bibliothek die Werke der alten Lehrer und Weisen. Sein jüngerer Kollege ist als Novize bei uns eingetreten. Ich lasse nicht zu, daß auch nur einer von beiden aufgrund von augenscheinlich haltlosen Verdächtigungen gezwungen wird, das Kloster zu verlassen. Darf ich Eurer gütigen Beachtung empfehlen, daß ich der Herr im Hause bin und nicht die Inquisition?«

»Verzeiht«, gab der Commissarius ein wenig betroffen zurück, »ich wollte in Euer Hausrecht nicht eingreifen, gab mich allerdings der Erwartung hin, Ihr würdet der Heiligen Inquisition den Vorrang vor Eurer Gastfreundschaft einräumen. Darin habe ich mich getäuscht. Seid versichert, ich werde über alles berichten.« Mit eisiger Miene ging er, gefolgt vom Abt, hinaus. Sein Ärger war nur zu verständlich. Hätte es ihm doch Lob und Ehre eingebracht, eine so wichtige Persönlichkeit wie Nostradamus dem Tribunal der Heiligen Inquisition zur Aburteilung zugeführt zu haben.

Gilbert schaute Nostradamus an. »Was wird die Inquisition unternehmen?« fragte er, »wird sie versuchen, den Abt zu zwingen, uns an ihre Häscher herauszugeben?«

»Das würde ihr ohne Weisung von Rom wohl nicht gelingen«, erwiderte Nostradamus. »Der Herr Commissarius wird aber den Ruhm, zwei gesuchte Ketzer zur Strecke gebracht zu haben, mit Rom gar nicht teilen wollen. Darum wird er versuchen, ohne eine Weisung von oben auszukommen.«

»Wenn dem so ist, müßte er uns eigentlich beobachten und auflauern lassen für den Fall, daß wir das Kloster verlassen«, führte Gilbert den Gedanken von Nostradamus fort. »Wir könnten also außerhalb des Klosters nicht einmal einen Krankenbesuch machen.«

»Davor warne ich dringend«, entgegnete Nostradamus, »selbst wenn es darum gehen sollte, einen Menschen vor dem Tode zu retten, geht nicht hin, laßt einen anderen gehen. Seid überzeugt, daß der hiesige Commissarius schon jetzt den einen oder anderen Spitzel im Kloster hat, der ihm alles meldet, was die Inquisition interessiert, das heißt, er wird den Commissarius über unser Tun genauestens unterrichtet halten. Wir müssen im Kloster ausharren, wie wenn wir hierher verbannt wären.«

Notgedrungen stellten sich die beiden auf einen Aufenthalt im Kloster ein, dessen Ende nicht abzusehen war. Nostradamus ließ sich mit Genehmigung des Abtes ein neues Zimmer im Gästehaus einrichten, von dem er einen weiten Blick über die Landschaft genießen und in dem er des Nachts wie zu Hause in die Zukunft schauen konnte, ohne von jemand gestört zu werden. Gilbert spielte im Geiste ernsthaft mit der Möglichkeit, daß ihm vom Schicksal der Eintritt in das Kloster zugedacht sei. Irgendein unbestimmtes Gefühl ließ ihn noch zögern, dem Abt seine Entscheidung mitzuteilen.

Es mochten gut zwei Monate nach dem Besuch des Commissarius vergangen sein, als Pater Placidus den Abt aufsuchte und ihm berichtete, er habe über den Apotheker die Nachricht erhalten, eine junge Bäuerin vom benachbarten Dorf sei in eine Heugabel gefallen und schwer verletzt worden. Man brauche dringend Hilfe. Er halte es aber für seine Pflicht, bei den Kranken in der Infirmie zu bleiben, ob nicht Nostradamus den Fall übernehmen könnte. Der Abt fragte diesen, doch er lehnte höflich ab, er könne unmöglich Unfälle in der Umgebung behandeln, für die Insassen des Klosters würde er gern zur Verfügung stehen. Daraufhin ließ der Abt den Novizenmeister und Gilbert zu sich kommen und bat den letzteren, ausnahmsweise einzuspringen. Er würde ein gutes Werk tun.

Gilbert befand sich in einem Zwiespalt. Die Gehorsamspflicht, der er als Novize unterlag, gebot ihm, der Bitte des Abtes sofort und ohne Murren nachzukommen. Die Gefahr eines Zugriffs der Inquisition schätzte der Abt wahrscheinlich zu gering ein. Er mußte also einen anderen Grund vorbringen, der ihn an der Ausführung des Auftrages hinderte, und er brauchte nicht lange zu überlegen. »Darf ich Euer Hochwürden in aller Bescheidenheit an einen Umstand erinnern, den Ihr gewiß nicht bedacht habt«, erklärte Gilbert mit vollem Ernst, »es würde nämlich meiner Jugend nicht gut anstehen, eine junge Bäuerin zu untersuchen, meine Seele würde bei ihrem Anblick verwirrt werden und großen Schaden nehmen. Wie wäre es, wenn Pater Placidus, den so etwas nicht mehr anfechten wird, die Versorgung der Bäuerin übernehmen würde? Inzwischen könnte ich ihn in der Infirmie vertreten.«

Der Abt kniff die Augen mißtrauisch zu, die Antwort schien ihm nicht recht glaubhaft. Da jedoch der Novizenmeister Gilberts Bedenken für außerordentlich lobenswert und zutreffend hielt, gab er nach. Man konnte es Pater Placidus ansehen, daß er enttäuscht war, indessen blieb ihm nichts anderes übrig, als den Wunsch des Abtes zu erfüllen. Er blieb sehr lange fort. Erst am Abend kehrte er hinkend und mit blauen Flecken im Gesicht zurück. Der Abt mußte sein Essen unterbrechen, und der Pater erzählte ihm, er sei, nachdem er die Bäuerin behandelt und das Haus verlassen hätte, von Soldaten zu Boden geschlagen worden. Sie hätten ihn gefesselt zum hochwürdigen Herrn Commissarius gebracht. Dieser sei aus allen Wolken gefallen, habe sich für das von ihm gar nicht angeordnete rüde Benehmen der Soldaten tausend Mal entschuldigt und ihm einen Brief mitgegeben. Es habe sich um ein sehr bedauerliches Versehen gehandelt.

Der Pater übergab den Brief, und der Abt seufzte, während er ihn las. »Die Verfolgungswut der Inquisition kennt keine Grenzen«, sagte er traurig, der Anschlag hat meinem persönlichen Gast und unserem jungen Bruder Arnold gegolten. Ich werde mich wahrscheinlich beim Bischof beschweren, wenn es auch nichts nützen wird, solange Rom kein Machtwort spricht.« Leise fügte er für sich hinzu: »Bruder Arnold hat gar nicht um das Heil seiner Seele gebangt, er hat einen Überfall der Inquisition befürchtet. Er war klüger als ich.«

In der folgenden Zeit wechselte Gilbert auf Anordnung des Novizenmeisters verschiedentlich seine Arbeit. Er half in der Schreinerei, in der Mühle und in der Küferei, mistete den Pferdestall aus, grub den Garten um, säte, pflanzte und erntete und nahm am Küchendienst teil. Lediglich in der Fastenzeit erhielt er wie die anderen Novizen ein Buch aus der Bibliothek. Er las es mit Begierde, nachdem er sonst an geistiger Kost nur das bekommen hatte, was für alle täglich vorgeschrieben war. Wenn ihm der Abt oder der Novizenmeister gestattet hätte, wie Nostradamus ständig in der Bibliothek zu forschen oder wenigstens alte Texte abzuschreiben, hätte er möglicherweise darum gebeten, endgültig ins Kloster aufgenommen zu werden. Er wagte indessen nicht, den Wunsch auf eine Tätigkeit in der Bibliothek zu äußern, weil dies auf eine Bevorzugung vor den anderen Novizen hinausgelaufen wäre, die nach der Heiligen Regel ausgeschlossen war.

Eines Tages wurde er zum Abt gerufen. Dieser übergab ihm einen Brief von seinem Vater. Gilbert riß ihn auf, überflog ihn und machte ein enttäuschtes Gesicht. »Der Commissarius in meiner Heimat läßt sich von meinem Vater nicht sprechen«, sagte er zum Abt, während er durch ein Fenster in die Ferne blickte. »Die Untersuchungen sollen immer noch nicht abgeschlossen sein. Dabei müßte der Bericht des hiesigen Commissarius längst dort angekommen sein.«

»Die kirchlichen Mühlen mahlen meistens langsam, manchmal allzu langsam«, erwiderte der Abt begütigend, »Ihr solltet Geduld haben, auch das gehört zur Demut, in der Ihr Euch üben müßt.«

»Ich weiß, Ihr habt viel mehr Geduld als ich«, gab Gilbert zur Antwort, »meine Zeit als Novize wäre schon abgelaufen, und Ihr habt mich nicht gemahnt. Doch durch den Brief meines Vaters ist mir bewußt geworden, daß ich mich für ein Verbleiben im Kloster nicht entscheiden kann, solange das Schwert der Inquisition mir drohend über dem Haupte schwebt. Ewig müßte ich mir vorwerfen, ich sei im Grunde nur deshalb in den Stand der Vollkommenheit eingetreten, um mir Euren gütigen Schutz zu bewahren.«

»Trotzdem würde ich mich freuen, Bruder Arnold, wenn Ihr Euch zu diesem Schritt verstehen könntet. Ich würde Euch niemals beschuldigen, aus Furcht vor dem schwarzen Wolf ein Mönch geworden zu sein. Fühlt Euch aber nicht gedrängt, ich lasse Euch Zeit. Ich bin von Eurer Unschuld überzeugt und werde meinen Schirm über Euch halten, solange ich es vermag.«

Dem Boten, der den Brief seines Vaters überbracht hatte, gab Gilbert ein Schreiben an seine Familie mit, in dem er nicht nur das Leben im Kloster, sondern auch die Verhandlung mit dem Commissarius und den Vorfall mit Pater Placidus beschrieb. Nostradamus bat den Boten seinerseits, für ihn eine Nachricht beim Kaufmann Ronsard vorbeizubringen. Dann begann erneut der Alltag, der bei Gilbert in ständigem Wechsel von Gebet, Betrachtung, Lesung, Arbeit, Essen und Schlafen bestand. Nach zweieinhalb Monaten kam der Bote mit zwei Briefen wieder, einem von Notar de Villanova an seinen Sohn und einem anderen von Ronsard an Nostradamus. Der Brief des Notars enthielt, was die Inquisition anging, nichts Neues, was in dem Brief des Kaufmanns stand, behielt Nostradamus für sich. Wiederum übergaben Gilbert und Nostradamus dem Boten ihre Antworten. Dieses Spiel setzte sich in etwa gleichen Abständen noch zwei Mal fort, doch erst beim letzten Mal enthielt das Schreiben des Vaters eine Neuigkeit, die Gilbert in helle Aufregung versetzte. In dem Brief stand zu lesen:

»Mein lieber Sohn,
der Commissarius hat sich weiterhin außerstande gesehen, seine Untersuchungen abzuschließen, und mich auch nicht empfangen. Auf meine Beschwerde beim Tribunal hat dieses zunächst gar nicht geantwortet. Erst eine Eingabe Deines Abtes hat Bewegung in die Sache gebracht. Das Tribunal hat nunmehr ohne Rücksicht auf den Commissarius in Deinem Fall ein »non procedere«, das heißt eine Einstellung des Verfahrens beschlossen. Als Grund wird festgestellt, Du hättest die Verfehlungen, die man Dir hätte zur Last legen können, durch die freiwillige Verbannung ins Kloster voll und ganz gesühnt.
Für Nostradamus ist ebenfalls ein Einstellungsbeschluß ergangen. Man hat sich jedoch geweigert, ihn mir zur Einsichtnahme vorzulegen, da ich hierzu nicht ermächtigt und auch kein naher Angehöriger des Betroffenen sei. Der Wortlaut des Beschlusses ist mir daher leider nicht bekannt.
Wir freuen uns alle auf Deine Rückkehr. Soll ich Dir auf halbem Wege entgegenkommen? Nicole möchte mich unbedingt begleiten, um Dir ihren Raben zu zeigen, der ihr bei Deiner Flucht über die Stadtmauer zugeflogen ist. Am einfachsten wäre es wohl, wir träfen uns bei Doktor Simeon. Nenne mir bitte den Zeitpunkt.
...

Dein Dich liebender Vater«

Gilbert zeigte den Brief Nostradamus, und dieser bat ihn, mit seiner Antwort bis zum folgenden Tage zu warten, er müsse sich über Nacht Gedanken machen, welche Ratschläge er ihm für die Reise, die er sicherlich antreten werde, mitgeben könne.

Am nächsten Morgen ließ sich Gilbert durch den Abt von der Lesung beurlauben, um den wichtigen Brief mit Nostradamus erörtern zu können. Der stellte ihm zu seiner Überraschung die Frage: »Habt Ihr nicht auf der Burg der Gräfin Melanie versprochen, Euch bei Eurer Rückkehr um ihre Enkelin Natalie zu kümmern, wenn es gewünscht wird?«

»Ja, das habe ich.«

»Dann solltet Ihr Euer Versprechen einlösen, sofern Euch an Fräulein Natalie noch etwas liegt. Heute Nacht habe ich sie vor mir gesehen. Sie lag in einem ziemlich finsteren Raum auf einem mit einer Matte bedeckten Bett. Auf beiden Seiten standen andere Betten, auf denen Gestalten schliefen, die ich nicht zu erkennen vermochte. Über ihr aber schwebte in einem fahlen Licht ein Gespenst. Es war eine Frau mit einem blassen Gesicht, einem seltsamen Lächeln und einer auffallenden Narbe am Kinn. Sie redete mit leiser Stimme auf Natalie ein und machte ihr, wenn ich es richtig verstanden habe, Vorwürfe über Vorwürfe. Natalie hielt die Augen geschlossen und schwieg, sie verstand aber offenbar, was ihr vorgehalten wurde, denn unaufhörlich rannen ihr dicke Tränen die Wangen herab. Ich glaube nicht, daß ich mich irre, die Erscheinung in der vergangenen Nacht bedeutet, daß Fräulein Natalie allmählich zu Tode gequält wird. Es wird die dritte Probe für Euch sein, das Mädchen von ihrer Peinigerin zu befreien. Geht vorsichtig zu Werke dabei. Ich werde Euch nicht helfen können, da ich das Kloster gegenwärtig nicht verlassen möchte. Nach dem Brief Eures Vaters muß ich noch weitere Erkundigungen einholen.«

Gilbert war wie in einen Traum versunken, so daß er erst Antwort gab, als Nostradamus ihn anstieß. »Ich begreife nicht, warum ihr das geschehen kann«, entgegnete er, »der Burgherr müßte doch seine Tochter beschützen. Ich werde meinem Vater vorschlagen, daß wir uns nicht bei dem feigen Doktor Simeon, sondern auf der Burg treffen. Das wird allerdings, wenn wir die Rückreise des Boten mit einrechnen, erst in fünf Wochen möglich sein. Wäre das zu spät, um Natalie zu retten?«

»Nein, Ihr werdet sie noch lebend antreffen.«

»Gut, dann werde ich den Abt davon unterrichten, daß ich das Kloster verlassen muß, um einen Menschen vor dem Tode zu bewahren. Dafür wird er Verständnis haben.«

Nach dem Mittagsmahl empfing der Abt Gilbert. Er begrüßte ihn freundlich und sagte mit einer Stimme, die ein wenig traurig klang: »Ihr wollt nach Hause zurückkehren, nicht wahr? Die Inquisition hat das Verfahren eingestellt.«

»Ich danke Euch von Herzen für Eure Fürsprache bei der Inquisition, dadurch bin ich jetzt ein freier Mann«, erwiderte Gilbert. »Ich kann in der Tat ohne Furcht die Heimreise antreten, doch das ist es nicht, was mich bewegt. Nostradamus hatte heute Nacht ein Gesicht. Ihm erschien ein uns beiden bekanntes Mädchen, das von einer bösen Frau gequält wurde. Es wird sterben, wenn ich es nicht rette. Darum darf ich nur noch eine kleine Weile bei Euch bleiben.«

»Auch ein Hirt muß seine Herde zurücklassen, um ein verlorenes Schaf zu finden«, sprach der Abt. »Es tut mir leid, Euch zu verlieren. Wißt Ihr eigentlich, daß Ihr für das Kloster ein leuchtendes Vorbild der Keuschheit seid und immer sein werdet?«

Gilbert schüttelte verneinend den Kopf.

»Das ist leicht zu erklären«, fuhr Abt Godefroy fort, »Ihr habt die Behandlung der jungen Bäuerin mit der Begründung abgelehnt, Ihr wolltet nicht in Anfechtung geraten. Das hat der Novizenmeister voller Bewunderung weitererzählt. Mir ist inzwischen klar geworden, daß Ihr Euch in der Kunst der ehrbaren Verstellung geübt habt. Ihr wolltet bloß einer Verhaftung durch die Inquisition entgehen. Das nehme ich Euch natürlich nicht übel. Ob Ihr allerdings verdient habt, als Muster der Keuschheit in die Geschichte unseres Klosters einzugehen, ist eine andere Frage. Doch ein wirkliches Verdienst habt Ihr Euch beim Psalmensingen erworben. Immer habt Ihr mit Eurer schönen Stimme aus vollem Herzen gesungen, niemals wart Ihr unaufmerksam, während andere nur ihre Lippen bewegten und sich vor Müdigkeit anzulehnen suchten.«

Gilbert war wegen dieses Lobes sichtlich verlegen geworden. »Auch dafür gibt es eine einfache Erklärung«, gab er zur Antwort. »In vielen Psalmen ist von Verfolgung durch böse Menschen die Rede. So heißt es zum Beispiel: ›Sie schärfen ihre Zungen den Schlangen gleich, haben Natterngift unter ihren Lippen, legen Fallen und Stricke, spannen ein Netz auf meinem Wege und stellen mir Schlingen auf. O Herr, mein Gebieter, laß glühende Kohlen auf sie regnen und stürze sie in Regenlöcher, daß sie nimmermehr aufstehen.‹ Ist das nicht den hochwürdigen Herren der Inquisition auf den Leib geschrieben? Mußte ich nicht solche Psalmen mit aller Inbrunst singen, damit der Herr mir helfen würde?«

Der Abt überlegte einige Augenblicke, bis er entgegnete: »Ich habe nicht geahnt, daß die Psalmen dazu herhalten könnten, die Inquisition zu verwünschen. Gilt nicht auch gegenüber den Herren der Inquisition das Gebot, daß man seinen Nächsten, ja sogar seine Feinde lieben soll?«

»Darf ich Euer Hochwürden in aller Ehrerbietung fragen, wie Ihr es fertigbringt, den hiesigen Commissarius der Inquisition zu lieben?«

»Ihr seid sehr kühn, Doktor de Villanova, doch kann ich es Euch in diesem Falle nicht verargen. Ich wünsche dem Commissarius Gottes Segen, vor allem jedoch, daß er von seinem Amt so bald wie möglich entbunden wird. Das muß Euch genügen. Euch aber wünsche ich, daß Ihr auch außerhalb der Klostermauern auf dem Wege zur Vollkommenheit Fortschritte machen werdet. Mein Gebet und das der Brüder wird Euch Euer ganzes Leben begleiten.«

Von da ab wurde Gilbert von allen Pflichten im Kloster befreit. Während der folgenden zwei Wochen ging er Nostradamus in der Bibliothek zur Hand, dann schlug die Stunde des Abschieds. Alle bedauerten seinen Fortgang und versicherten ihm, sie würden seiner im Gebet gedenken, nur der Apotheker ließ sich nicht blicken. Er hatte sich rechtzeitig die Genehmigung erteilen lassen, dringende Besorgungen zu machen.

4. Kapitel

DER AUFBRUCH ZU NEUEM ANFANG

Der Abt hatte Gilbert gestattet, Obst und Brot aus der Küche und aus der Apotheke Medikamente mitzunehmen, die er unterwegs zur Behandlung von Kranken verwenden konnte. Nostradamus hatte ihm einen Beutel Münzen geschenkt, damit er genügend Geld für die Einkehr in Wirtshäusern und für die Übernachtung in Herbergen zur Verfügung hatte. So konnte er gut gerüstet und unbeschwert seinem Ziel entgegenreiten.

Von der Reise ist nicht viel zu berichten. Am Waldsee legte Gilbert eine Rast ein. Da es heller Tag war, konnte er nur weiße Schwäne über die im Sonnenlicht glitzernde Wasserfläche ziehen sehen. Die goldenen erschienen, wenn man Glück hatte, ja erst bei Sonnenuntergang. Für den Ritt auf die Höhe benutzte er den Abkürzungsweg, auf dem Gräfin Eugenie verunglückt war. An der Stelle, wo das Verbrechen begangen wurde, stieg er vom Pferd und besah sich die zwei Bäume, um die das Seil geschlungen worden war. Die Einkerbungen, die es hinterlassen hatte, waren immer noch zu erkennen.

Am Burgtor fragte er nach Gräfin Melanie und ihrer Enkelin. Er wurde wie früher in den kleinen Raum im Palas geführt, und bald danach kam die Gräfin herein. »Es ist sehr freundlich von Euch, daß Ihr uns besucht«, begrüßte sie ihn, »doch wenn Ihr Natalie sehen wollt, war Euer Weg umsonst. Sie ist nicht mehr bei uns.«

»Nicht mehr bei Euch? Wo ist sie denn?«

»Ach, das ist eine traurige Geschichte. Setzt Euch, es wird etwas länger dauern. Ihr erinnert Euch an Ritter Robert. Dessen Vater hat nach dem Tod der Gräfin Eugenie meinen Sohn, den Grafen Edmond, sehr häufig eingeladen, das eine Mal zur Jagd, das andere Mal zu einem Fest. Vielleicht wollte er ihn von dem Verlust seiner Gemahlin ablenken. Seine Absichten gingen aber wohl darüber hinaus. Denn nach knapp einem Jahre gab Graf Edmond bekannt, er würde Gräfin Ariane, Ritter Roberts Tante, zur Frau nehmen. Zur Hochzeitsfeier auf der Burg von Roberts Vater wurde auch Natalie geladen. Sie lehnte ab, weil sie mit Ritter Robert nicht zusammentreffen wollte. Selbst ihr Vater nahm ihr dieses Verhalten nicht übel.

Anfangs verstanden sich Gräfin Ariane und Natalie ganz leidlich. Natürlich war Ariane nicht verpflichtet, in die Fußstapfen von Natalies Mutter zu treten und sie auf die Jagd oder auf Ausritte mitzunehmen. Sie kümmerte sich wenig um sie, und das war in meinen Augen ein Fehler. Natalie vergrub sich in Gedanken an vergangene Zeiten und hatte niemand außer mir, der sich mit ihr unterhielt.

Es waren einige Wochen nach der Hochzeit ins Land gegangen, da veranstaltete mein Sohn zu Ehren seiner Gemahlin ein Turnier. Ritter Robert sagte ab, nachdem er sich vergewissert hatte, daß Natalie nicht bereit war, ihre Meinung über ihn zu ändern. Sie aber erschien in dem weißen Kleid mit goldgestickten Bordüren, wie es auch ihre Mutter getragen hatte. Die Folge war, daß die Gäste fast nur noch von Gräfin Eugenie sprachen. Sie sei eine so strahlende Persönlichkeit gewesen, die neue Gräfin könne ihr nicht das Wasser reichen. Dieses Gerede kam meinem Sohn und Gräfin Ariane zu Ohren, und sie verboten Natalie, das Kleid am folgenden Tage nochmals anzuziehen. Sie tat es trotzdem, und ihr Vater geriet in nicht gelinde Wut. Abends, als sie ein anderes Kleid trug, ließ er ihr das weiße heimlich wegnehmen.

Damit schien der Streit für das laufende Turnier auf einfache Weise ausgeräumt. Allein das war ein verhängnisvoller Irrtum. Am nächsten Morgen kam Natalie zum ersten Kampf verspätet, und zwar in Jägerkleidung mit einem Umhang. Sie stellte sich hinter ihrer Stiefmutter auf, und plötzlich schwirrte ein Pfeil durch die Luft. Er hatte Gräfin Arianes Hut durchbohrt, und dieser war am Gefieder hinten am Pfeilschaft hängengeblieben. Der Pfeil mit dem Hut beschrieb einen Bogen und bohrte sich mit der Spitze senkrecht nach unten in die Kampfbahn. Der Hut wurde den Zuschauern wie auf einem Ständer zur Bewunderung dargeboten. Das Lachen, Johlen, Pfeifen und Klatschen angesichts dieses völlig unerwarteten Ereignisses wollte kein Ende nehmen.

Graf Edmond tobte, ließ das Turnier jedoch fortsetzen. Am Abend nahm er Natalie in Gegenwart von Gräfin Ariane ins Gebet und warf ihr vor, sie hätte schon zu Lebzeiten ihrer Mutter manchmal unbesonnen und übereilt gehandelt. Das habe sich noch in erträglichen Grenzen gehalten. Nun aber hätte sie ihn und ihre Stiefmutter vor einer großen Zahl von Gästen lächerlich gemacht. Auf der Burg gäbe es keine Bleibe mehr für sie. Da sie Ritter Robert oder einen anderen Ritter nicht ehelichen wolle, sei das Kloster der letzte Ausweg. Natalie mußte gewußt haben, was sie erwartete, denn sie stimmte der vom Vater genannten einzigen Lösung ohne Zögern zu. Nach Beendigung des Turniers brachte sie mein Sohn in ein gar nicht weit entferntes Kloster, wo sie ihr weiteres Leben verbringen wird.«

»Und wie geht es ihr?« fragte Gilbert.

»Wir haben uns mehrfach nach ihr erkundigt, es geht ihr gut. Allerdings darf sie keinen Besuch empfangen, da er ihre Eingewöhnung stören würde. Und nach ihren feierlichen Gelübden wird es, wie uns die Äbtissin wissen ließ, nicht viel anders sein, da die Bande der Familie durch die Gemeinschaft im Kloster ersetzt werden.«

»Ich muß Euch leider enttäuschen, Gräfin Melanie, es geht Eurer Enkelin nicht gut, sondern sehr schlecht.«

Die Gräfin schaute Gilbert mit großen Augen an. »Woher wollt Ihr das wissen?« fragte sie mißtrauisch.

»Jetzt muß ich meinerseits ein wenig ausholen«, gab Gilbert zur Antwort. »Ihr kennt meinen Namen noch nicht. Ich kann ihn Euch heute ohne Gefahr verraten. Ich heiße Gilbert de Villanova und bin der Schüler und jüngere Kollege des berühmten Arztes Nostradamus.

Er war mit mir beim Turnier Euer Gast. Ihr habt gewiß

davon gehört, daß er auch ein begnadeter Seher ist. Ihn interessieren die Geschicke der Menschheit, der Völker, der Könige und Fürsten und der Kirche. Ganz selten befaßt er sich mit dem Schicksal von einzelnen Menschen, die nicht zu den Mächtigen gehören. Eine solche Ausnahme hat er bei Natalie gemacht. Ein Gesicht hat sie ihm in einem dunklen Raum auf einem Bett liegend gezeigt. Sie wird sterben, wenn ich ihr nicht helfe.«

»Ja, um Himmels willen«, sagte Gräfin Melanie entsetzt, »wenn das richtig ist, dürfen wir nicht untätig bleiben. Ich werde meinen Sohn und meine Schwiegertochter unterrichten. Wir sollten mit ihnen gemeinsam zu Abend essen und die Sache besprechen.«

Das Grafenehepaar und die Mutter des Grafen standen beieinander, als Gilbert den Eßsaal betrat. Graf Edmond empfing ihn ziemlich kühl. »Es ist mir ein Vergnügen, einen Schüler von Nostradamus auf meiner Burg zu beherbergen«, sprach er zu Gilbert, »aber von Wahrsagerei habe ich noch nie etwas gehalten. Euer Lehrer ist einem Trugbild aufgesessen, meine Tochter ist kerngesund.«

Man begab sich zu Tisch, und Gilbert fragte den Grafen: »Wie könnt Ihr so sicher sein, daß Fräulein Natalie nicht erkrankt ist? Ihr dürft sie ja, wie ich gehört habe, während ihrer Zeit als Novizin überhaupt nicht besuchen.«

»Ich werde diese unnötige Unterhaltung wohl oder übel abkürzen müssen«, entgegnete der Graf, »mit Rücksicht auf Natalie habe ich bisher niemand erzählt, wer ihre Äbtissin ist. Diese Rücksicht kann ich fallen lassen, da Natalie zumindest bis zu ihren ewigen Gelübden keinen Besuch empfangen darf. Die Äbtissin heißt mit ihrem Klosternamen Severa und ist die Schwester meiner Gemahlin. Sie ist also auch eine Tante Ritter Roberts, den Natalie verachtet. Diese Tatsache will ich vor meiner Tochter bis zu ihren Gelübden geheimhalten, damit sie nicht auf dumme Gedanken kommt, zum Beispiel daß Äbtissin Severa sie auf Veranlassung Ritter Roberts demütigen oder unterdrücken könnte. Das wird auch niemals geschehen, denn die Äbtissin ist eine sehr christliche und gerechte Oberin, davon bin ich fest überzeugt.«

Gilbert wandte sich an Gräfin Ariane: »Darf ich Euch fragen, ob Eure Schwester eine Narbe am Kinn hat?«

»Das ist richtig, sie ist in der Jugend gestürzt und hat sich am Kinn verletzt. Woher wußtet Ihr das?«

»Von Nostradamus, er hat eine Gestalt gesehen, die auf Fräulein Natalie einredete. Ich dachte mir, daß es die Äbtissin sei. Erlaubt mir bitte eine zweite Frage. Schaut Euch dieses Messer an, es hat am Griff einen silbernen Drachen. Wem gehört es?«

»Es gehört meinem Neffen Robert. Woher habt Ihr es?«

»Von Nostradamus, er hat herausbekommen, daß mit Hilfe des Messers ein schweres Verbrechen begangen wurde.«

Gräfin Ariane wurde kreidebleich, Graf Edmond starrte Gilbert an, als ob er ihn erwürgen wollte, nur Gräfin Melanie behielt die Fassung. »Ihr müßt uns die volle Wahrheit sagen«, sprach sie ernst, »Ihr dürft uns nicht im unklaren darüber lassen, was geschehen ist.«

»Ihr sollt es erfahren«, gab Gilbert zur Antwort, »doch vorher muß Graf Edmond mit mir zum Kloster reiten, um seine Tochter zu retten.«

Der Graf wußte vor Verwirrung und böser Ahnung nicht recht, was er sagen sollte.

»Ihr habt wohl immer noch kein Zutrauen zu meinen Worten«, fuhr Gilbert fort. »Morgen oder übermorgen wird mein Vater, der Notar de Villanova, hier eintreffen, um mich abzuholen. Wir sollten seine Ankunft abwarten. Er kann Euch bestätigen, daß sein Sohn kein Scharlatan ist.«

Graf Edmond war froh, nicht sofort eine Entscheidung treffen zu müssen, und erklärte sich mit dem Vorschlag Gilberts einverstanden.

Die Stimmung beim Fortgang des Essens war gedrückt. Es half nichts daß Gilbert das vor ihm liegende Messer mit dem Drachen wieder einsteckte, um von dem geheimnisumwitterten Verbrechen ablenken zu können. Er erzählte von der Verfolgung durch die Inquisition, doch seine Gastgeber hörten mit ernsten Mienen nur halb zu. Erst als er die Geschichte von dem Hündchen mit Namen Doktor Canisius zum Besten gab, entlockte er ihnen ein mattes Lächeln. Sobald es der Anstand zuließ, entschuldigte er sich. Er wollte sich nach den Anstrengungen der Reise frühzeitig zur Ruhe begeben.

Gilbert fiel in einen tiefen Schlaf. Die Sonne stand bereits hoch am Himmel, da rüttelte eine Magd ihn mit kräftigen Händen wach. »Der Herr soll auf den Hof kommen«, sagte sie mit rauher Stimme. Er beeilte sich, und vom Eingang des Gästehauses aus sah er seinen Vater und seine Schwester am Brunnen stehen. Nicole lief ihm entgegen und fiel ihm um den Hals, während ihr Rabe aufgeregt um sie herumflatterte. Sie hielt ihrem »Rabbi« den Arm hin, und er ließ sich darauf nieder. Auf ihre Frage: »Habe ich nicht einen netten Bruder?« antwortete der Vogel krächzend mit »oh ja«.

»Der ist ja noch klüger als Doktor Canisius«, rief Gilbert, »es muß in unserer Familie liegen, daß die Tiere uns so willig folgen.«

Mittlerweile war auch der Vater zur Stelle, um seinen Sohn in die Arme zu nehmen. »Wir haben ernstlich befürchtet, Gilbert, Du würdest das Kloster nie mehr verlassen. Ist Nostradamus zurückgeblieben?«

»Ja, Vater, er will noch Erkundigungen über den Inhalt seines Einstellungsbeschlusses einziehen, vermutlich mit Hilfe des Abtes.«

»Recht hat er«, erwiderte der Notar, »man muß die Fallstricke der Juristen kennen, wenn man nicht stolpern will.«

Jetzt erschien auch der Burgherr. Er hieß Notar de Villanova und Nicole willkommen und sprach mit besorgter Miene: »Ich habe die ganze Nacht kein Auge zugemacht. Euer Sohn behauptet, meine Tochter, die als Novizin in einem Kloster lebt, sei sterbenskrank. Ich habe ihm zuerst nicht geglaubt, aber möglicherweise ist doch etwas dran. Ich werde mit ihm zusammen noch heute Nachmittag zum Kloster reiten, um mich zu vergewissern. Ihr dürft mit Eurer Tochter so lange auf der Burg bleiben, wie es Euch beliebt.«

»Ihr seid sehr gütig, aber das kommt nicht in Frage. Wir haben Gilbert so lange entbehrt, daß wir ihn nicht ohne uns fortreiten lassen können. Wir werden Euch begleiten.«

Auf das Mittagsmahl wurde nicht viel Zeit verschwendet. Die Familie de Villanova nahm es zusammen mit Graf Edmond, seiner Gemahlin und Gräfin Melanie ein. Die Unterhaltung drehte sich um das unterschiedliche Leben in der Stadt, auf der Burg und im Kloster. Immer wieder klang jedoch die Sorge um die Novizin durch, die Nostradamus schwerkrank auf ihrem Lager gesehen hatte, obwohl er viele Meilen von ihr entfernt in einem anderen Kloster war.

Der Burgherr nahm eine größere Anzahl bewaffneter Knechte mit. Das tat er immer, wenn er ausritt, da er unter den anderen Burgherrn einige Feinde besaß, die ihn nur zu gern in ihre Gewalt gebracht hätten. Gilbert bat ihn, den Abkürzungsweg zu nehmen, auf dem sich das Unglück mit Gräfin Eugenie abgespielt hatte. Er zeigte ihm die Einschnitte an den zwei Bäumen, weigerte sich indessen, weitere Erklärungen dazu abzugeben.

Noch vor Beginn der nachmittäglichen Arbeit im Kloster kam die Gesellschaft dort an. Graf Edmond bat die Pförtnerin, seiner Schwägerin, der Äbtissin Severa, auszurichten, er und ein ihn begleitender Arzt möchten sie in einer dringenden Angelegenheit sprechen. Es dauerte eine Weile, bis die Pförtnerin zurückkehrte. Es beunruhigte sie, daß außer dem Grafen und Gilbert auch der Notar und Nicole mit ihrem Raben in den Klosterhof traten, doch Nicole und ihr Vater steuerten gleich auf eine schattige Bank zu, wo sie niemand stören würden. Während der Rabe einen Erkundungsflug über das Klostergelände unternahm, begaben sich Natalies Vater und Gilbert zu einem Besprechungszimmer im Hauptgebäude. Die Äbtissin wartete bereits. Sie stand in der Mitte des Raumes, hatte ihr Haupt geneigt und lächelte wohlwollend.

Deutlich erkannte Gilbert ihre bis zur Unterlippe hinaufreichende Narbe am Kinn.

»Was ist der Grund Eures Besuches?« redete Äbtissin Severa ihren Schwager an, »ich wollte Euch demnächst aus Anlaß der Heiligen Profeß Eurer Tochter einladen. Heute kommt Ihr leider ungelegen.«

»Es ließ sich nicht vermeiden, ehrwürdige Mater Severa, um es geradeheraus zu sagen: Mein Begleiter, Gilbert de Villanova, ist Arzt und will aus geheimnisvoller Quelle die Gewißheit erlangt haben, daß Natalie ernstlich erkrankt ist.«

Das Antlitz der Äbtissin verriet keinerlei Überraschung. Sie lächelte wie zuvor und gab zur Antwort: »Eure Tochter ist gesund, sonst wäre sie in der Infirmie. Ich habe sie gerade beim Chorgebet beobachtet. Sie bemüht sich, ihren klösterlichen Pflichten nachzukommen, ist allerdings zuweilen unaufmerksam.«

»So sollten wir Doktor de Villanova selber hören«, entgegnete Natalies Vater.

Mater Severa nickte gnädig.

»Ehrwürdige Äbtissin Severa«, begann Gilbert, »dank einer gütigen Fügung des Himmels wurde ich vor längerer Zeit mit einem Seher zusammengeführt, dessen Namen Ihr kennen werdet. Es ist Nostradamus. Er hat vor seinem inneren Auge die Novizin Natalie schwer krank auf ihrem Lager erblickt und mir verkündet, sie würde sterben, wenn ich sie nicht rette.«

»Es muß sich um eine Täuschung durch die Macht des Bösen handeln, Herr Doktor, ich versichere Euch, die Novizin ist gesund. Ihr braucht sie nicht zu untersuchen. Ich werde auch nicht erlauben, daß sie vor ihren Gelübden irgendjemand trifft, der nicht zum Kloster gehört.«

»Wir verstehen Eure Sorge um das ewige Heil der Euch anvertrauten Seele, Mater Severa, allein bedenkt, beim Chorgebet vermögt Ihr aus der Entfernung zu einer Novizin schwerlich festzustellen, ob sie krank oder gesund ist.«

Die Hartnäckigkeit Gilberts schien die Äbtissin nicht zu

beeindrucken. Ihr Lächeln hatte sich nicht geändert. »Ich werde Schwester Genoveva, die Novizenmeisterin rufen«, sprach sie, »von ihr werdet Ihr hören, daß es Schwester Natalie gut geht.«

Die Novizenmeisterin war in ihrer Haltung ein getreues Abbild ihrer Oberin. Sie hielt ihr Haupt geneigt, und das Lächeln war ihr zur Gewohnheit geworden. Die Augen hatte sie niedergeschlagen, wie es sich bei einem Männerbesuch gehörte. Auf die Frage der Äbtissin, wie es der Tochter des Grafen ginge, gab sie zur Antwort: »In der ersten Zeit war sie ein wenig gedrückt. Sie mußte sich wie alle Neulinge an das Leben im Kloster gewöhnen. Inzwischen hat sie große Fortschritte gemacht und darf mit Zuversicht der Heiligen Profeß entgegensehen.«

»Das ist es nicht, was wir wissen möchten, Schwester Genoveva«, erläuterte Gilbert, »wir haben sichere Kunde, daß die Novizin krank ist. Wie steht es damit?«

Die Novizenmeisterin zögerte mit der Antwort. Ungeduldig klopfte der Graf mit dem Finger auf den Tisch. »Habt Ihr etwas zu verbergen?« fragte er.

»Nein, nein, Herr Graf, es ist nur ein leichtes Unwohlsein, das ich festgestellt habe. Es wird bald vorübergehen.«

Graf Edmond beugte sich zur Äbtissin. »Ich werde das Kloster nicht verlassen, bevor ich meine Tochter in Augenschein genommen habe«, erklärte er mit einer lauter gewordenen Stimme.

Auf einen Wink von Mater Severa ging Schwester Genoveva hinaus und kehrte alsbald mit Natalie zurück. Diese hatte leicht gerötete Wangen und Ringe unter den Augen, hustete mit einem tiefen Rasseln und hielt ebenfalls den Blick gesenkt.

»Wenn es nur der Husten ist«, bemerkte die Äbtissin, »werden wir ihn schnell kuriert haben, unsere Apotheke ist wohl ausgestattet.«

Ohne viel zu fragen, trat Gilbert zu Natalie und ergriff ihr Handgelenk. »Sie hat hohes Fieber«, sagte er vorwurfsvoll zur Novizenmeisterin, »steht nicht in Eurer Regel, daß ihr die Wahrheit mit Herz und Mund bekennen sollt? Die Wahrheit ist, daß sich Schwester Natalie den Tod holen kann, wenn sie nicht bald in ein warmes Bett kommt.«

Schwester Genoveva erbleichte, und zum ersten Male verlor sich das Lächeln auf den Lippen von Mater Severa. »Warum habt Ihr das verschwiegen?« herrschte sie die Novizenmeisterin an, »müssen wir nicht nach unserer Regel den Kranken wie Christus dienen? Ihr hättet der Novizin befehlen müssen, das Bett zu hüten.«

»Verzeiht meine Nachlässigkeit, ehrwürdige Äbtissin, aber ich habe Schwester Natalie gefragt, ob ihr etwas fehle, und sie hat mir die Antwort gegeben, der Husten sei nicht schlimm, er ginge vorüber, sie kenne es aus Erfahrung.«

»Stimmt das?« fragte Graf Edmond seine Tochter. Sie nickte zustimmend, ohne aufzuschauen.

»Gut, die Sache ist geklärt«, befand Äbtissin Severa, »Schwester Genoveva, bringt die Kranke zur Infirmie, bis zu den Gelübden muß sie wieder gesund sein. Sie hat es sich selber zuzuschreiben, daß ihr nicht geholfen wurde.«

Gilbert hob die Hand: »Ich bin noch nicht fertig, Mater Severa.« Er nahm ein Fläschchen mit Rosenwasser aus der Tasche und betupfte Natalies Augenlider und Lippen. »Der Duft wird Euch beleben«, sprach er, »nehmt alle Kraft zusammen, Ihr braucht sie jetzt.« Bei diesen Worten legte er das Messer mit dem silbernen Drachen auf den Tisch. »Kennt Ihr es vielleicht?« fragte er die Äbtissin.

»Der Drache ist ein Wappentier meiner Familie. Was hat das mit der Erkrankung von Schwester Natalie zu tun?«

»Mit Natalies Traurigkeit und ihrer Schwäche hat das Messer sehr viel zu tun, Äbtissin Severa. Ihr wißt sehr gut, daß es Eurem Neffen Robert gehört und daß dieser Natalie zur Frau nehmen wollte. Sie hat ihn jedoch vor zahlreichen Gästen abgewiesen und gekränkt. Am Tage danach ritt sie mit ihrer Mutter, der Gräfin Eugenie, durch den Wald. Das Pferd der Gräfin stolperte und schlug hin, weil ein auf dem Boden mit Laub verdecktes Seil im richtigen Augenblick nach oben gezogen wurde. Natalies Mutter verunglückte tödlich. Einer der beiden Mörder, es war Ritter Robert, verlor auf der Flucht sein Messer. Es liegt vor Euch. Der Anschlag hatte, was Ritter Robert damals nicht wußte, versehentlich die Mutter statt der Tochter getroffen. Er wollte eigentlich Natalie umbringen. Und heute ist – welche Ironie des Schicksals! – eine Tante Ritter Roberts die Stiefmutter von Natalie, und die andere Tante ist ihre Äbtissin.«

Betretene Stille herrschte. Gilbert umfaßte Natalies Schultern, damit sie nicht umfiel. Ganz langsam streckte sie sich, hob ihr Haupt empor und blickte die Äbtissin mit weit aufgerissenen Augen an. »Ihr werdet begreifen, daß meine Tage im Kloster gezählt sind«, sagte sie zitternd vor Erregung.

»Das wäre ein großer Fehler, meine Tochter«, entgegnete Mater Severa, die ihr Lächeln trotz der für sie sehr unangenehmen Neuigkeit rasch wiedergefunden hatte. »Seid nicht voreilig, Ihr habt die schwere Zeit als Novizin bald hinter Euch. Nach den ewigen Gelübden werdet Ihr froh und dankbar sein, daß Ihr zu uns gehört.«

»Ach, Ihr glaubt wohl, Äbtissin Severa, ich würde vergessen, wie es mir als Novizin ergangen ist. Mein Vater und dieser junge Arzt sollen es erfahren. Jede Woche ermahntet Ihr mich, den Tag des Gerichts zu fürchten und den drohenden Tod mir täglich vor Augen zu halten, so wie es in Eurer Regel zu lesen steht. Am Abend kamen dann die Schwestern zu mir und fragten mich, wie es möglich gewesen sei, daß ich nur den Hut meiner Stiefmutter getroffen hätte, ich sei doch sonst eine gute Schützin gewesen, ob ich meine Stiefmutter immer noch hassen würde und ob ich die Tat schon gebeichtet hätte. So ging es Woche für Woche, bis ich einer Schwester gestand, ich sei beim Schuß durch die Sonne geblendet worden. Danach hatte ich Ruhe vor Euch und den Schwestern. Es währte allerdings nicht lange und Schwester Genoveva trat an Eure und der Schwestern Stelle. Bei jeder Gelegenheit empfahl sie mir fürsorglich, ich möge meine früheren

Sünden unter Tränen und Seufzen tagtäglich dem Herrn im Gebet bekennen. Es war ...«

»Halt ein!« rief der Graf seiner Tochter zu, »als wir heute die Unglücksstelle hinter uns gelassen hatten, ahnte ich, daß Deine Mutter einem Mordanschlag zum Opfer gefallen ist. Aber daß Du, meine Tochter, versucht hast, Gräfin Ariane zu töten, ist mir nicht in den Sinn gekommen. Bei Deinen Schießkünsten konntest Du aus naher Entfernung eigentlich Dein Ziel nicht verfehlen. Jetzt bin ich eines anderen belehrt. Niemals wirst Du Deine Füße wieder über meine Schwelle setzen.«

»Beruhigt Euch, Graf Edmond«, sprach die Äbtissin. »Es ist schrecklich, was wir über den Tod von Gräfin Eugenie gehört haben, ich kann mir noch gar nicht vorstellen, daß mein Neffe die Tat begangen hat. Darüber werdet Ihr Euch sicher Gedanken machen. Doch die Sorge für Eure Tochter könnt Ihr mir überlassen. Ich habe von Anfang an gewußt, daß sie ihre Stiefmutter aus Zorn und Eifersucht hat ermorden wollen. Das Geständnis zeigt, daß ich Recht hatte. Dennoch soll sie im Kloster bleiben. ›Ich habe keinen Gefallen am Tod des Schuldigen,‹ sagt der Herr, ›sondern daran, daß er umkehrt und am Leben bleibt.‹ Schwester Natalie ist auf dem Pfade der Umkehr, sie wird ihn weiter beschreiten.«

Gilbert, der immer noch darauf achtete, daß Natalie nicht aus Schwäche das Gleichgewicht verlor, flüsterte ihr ins Ohr, sie möge ihre Rache nicht bis zum Äußersten treiben. Sie wandte sich um und sah ihm erstaunt in die Augen. »Ihr versteht mich viel besser als mein Vater«, sprach sie, »und Ihr, Äbtissin Severa, sollt wissen, daß Ihr mir Unrecht tatet mit Eurem Mißtrauen. Ihr habt es fertiggebracht, daß mich im Kloster alle außer der jungen Novizin Manuela für eine Mörderin halten. Auf mein Geständnis könnt Ihr Euch jedoch nicht berufen. Es war eine Notlüge, um der Verfolgung mit Fragen und Ermahnungen ein Ende zu machen. Gebt acht auf das, was ich Euch jetzt verrate. Die Tribüne steht südlich des Turnierplatzes, und die Sonne zieht deshalb hinter der

Tribüne ihre Bahn. Wie konnte sie mich blenden, wenn sie sich hinter mir befand? Nein, ich habe, ohne geblendet zu sein, auf den Hut gezielt und ihn sicher getroffen. Vielleicht hatte Gräfin Ariane das gar nicht verdient, sondern eher mein Vater, der nichts getan hat, um mir über die schwere Zeit nach dem Tod meiner Mutter hinwegzuhelfen.«

Mater Severa und Graf Edmond blickten sich verstohlen an. Sie waren mit einem Male aus Anklägern zu Angeklagten geworden. Nach einer Pause der Besinnung fuhr die Äbtissin plötzlich hoch. »Mir fällt es wie Schuppen von den Augen«, kam es bitter aus ihrem Mund, und sie zeigte mit dem Finger auf Natalie und Gilbert. »Ihr habt ein Komplott geschmiedet, um die Novizin Natalie noch vor ihrer Heiligen Profeß aus dem Kloster herauszuholen. Seht, wie vertraut Ihr Euch gebt. Ihr könnt mich nicht hinters Licht führen, Doktor de Villanova. Nehmt sie mit, Eure Vertraute, werdet glücklich mit ihr. Im Kloster hätte sie nur für Aufruhr gesorgt. Ich will sie hier nicht mehr sehen.«

»Äbtissin Severa, Ihr irrt Euch erneut«, gab Gilbert zurück, »Natalie und ich haben gar keine Möglichkeit gehabt, darüber zu reden, ob sie mit mir kommen will. Ich werde sie allerdings danach fragen. Ihr aber müßt Euch sagen lassen, daß Ihr Euer Herz unter der Regel des Klosters begraben habt und allem mit abgrundtiefem Mißtrauen begegnet, wofür Ihr nichts in der Regel findet. Es gibt viel mehr davon, als Ihr denkt.«

Die Äbtissin war aufgebracht. »Schwester Genoveva«, sagte sie scharf, »begleitet die Tochter des Grafen zur Kleiderkammer, sie soll sich ihre Sachen geben lassen.«

»Nicht ohne die Novizin Manuela«, warf Natalie ein, »ich habe ihr versprochen, sie nicht allein zurückzulassen, falls ich die Profeß nicht ablegen sollte.«

»Ihr habt ihr nichts zu versprechen«, entgegnete Äbtissin Severa, »sie bleibt hier.«

»Geduld ist eine Tugend, die Ihr, Mater Severa, uns zu lehren versucht habt. Aber irgendwann ist jedes Menschen

Geduld zu Ende. So ist es bei mir. Sofern Ihr Manuela nicht freigebt, werde ich überall im Hause, auf dem Hof, im Garten, wo ich jemand antreffe, verkünden, daß Ihr die Tante eines Mörders seid, des Mörders meiner Mutter, und daß Ihr mich zu Unrecht bis auf das Blut gepeinigt habt.«

In diesem Augenblick ertönte es krächzend vom offenen Fenster: »Oh ja, oh ja.« Der Rabe Nicoles war unbemerkt auf den Fenstersims geflogen und machte sich das Vergnügen, in die Unterhaltung einzugreifen.

Erschrocken starrte die Äbtissin auf den schwarzen Vogel, der, den Kopf ruckartig nach links und rechts drehend, die Runde am Tisch betrachtete. Mater Severa war von der unerwarteten Erscheinung so beeindruckt, daß sie der Novizenmeisterin befahl, die zwei Mädchen ihre Sachen holen zu lassen.

Nach einer Weile kehrte Schwester Genoveva mit Natalie und Manuela, die ihre eigenen Kleider angelegt hatten, zurück. Mit einem stummen Nicken, das eine Verabschiedung ersetzen sollte, verließen die beiden, gefolgt von Gilbert, den Raum. Der Graf erhob sich ebenfalls, und an der Tür sprach die Äbtissin zu ihm: »Geht mit Gott, grüßt meine Schwester, Eure Tochter wäre dem Himmel näher gewesen, wenn sie bei mir geblieben wäre.« Graf Edmond betrat den Klosterhof, und Äbtissin Severa fuhr leise fort: »Die Erscheinung des Raben war kein bloßer Zufall. Der Satan steckte in ihm und spitzte dem Arzt und unserer verlorenen Schwester die Zunge.«

Der Notar und Nicole waren natürlich sehr erstaunt zu hören, daß die Tochter des Grafen und ihre Freundin mit tatkräftiger Hilfe von Gilbert dem Kloster den Rücken gekehrt hatten und daß »Rabbi« den entscheidenden Anstoß gab. Man hatte den Austritt der zwei Mädchen als »Befreiung« kaum ausreichend gewürdigt, da erklärte Natalie ihrem Vater: »Ihr werdet mir vielleicht anbieten, wieder auf der Burg zu leben. Nach dem, was geschehen ist, wird mir das nicht möglich sein. Ich bin auch kein Burgfräulein, wie Ihr es Euch vorstellt.«

»Es gibt für Dich nichts anderes, meine Tochter, Du bist dazu geboren, und daran kannst Du nichts ändern.«

»Nein, so ist es nicht. Ich fühle mich, als hätte ich ein Kettenhemd an, daß mir nicht paßt. Ich muß es ausziehen, gleichgültig, welches Gewand ich an seiner Stelle bekomme.«

»Laßt sie einen Versuch machen«, bat Gilbert den Grafen. »Wenn meine Eltern einverstanden sind, soll sie mit ihrer Freundin Manuela ein halbes Jahr das Leben unserer Familie teilen. Dann mag sie entscheiden, ob sie meine Frau werden will.«

Notar de Villanova und Graf Edmond waren gleichermaßen überrascht. Bevor jedoch einer von ihnen das Wort ergreifen konnte, vernahmen sie die immer noch von Husten begleitete Stimme Natalies: »Ich gebe es zu, ich bin die mißratene Tochter eines Burgherrn und der mißratene Zögling einer Äbtissin. Doch sollte die Familie des Herrn Notars mich aufnehmen, werde ich alles daran setzen, nicht zur mißratenen Frau eines Arztes zu werden.«

Es entstand ein allgemeines Gelächter, das die Spannung löste und bis in das Klostergebäude hineinschallte.

»Meinem Sohn kann ich nach so langer Trennung kaum eine Bitte abschlagen«, sprach der Notar, »aber ist denn das kranke Fräulein Natalie überhaupt reisefähig?«

»Nein, Vater, wir müssen sie in der nächsten Herberge gesundpflegen.«

Zum Abschied nahm der Burgherr unter Tränen seine Tochter noch einmal in die Arme, was er seit langer, langer Zeit nicht mehr getan hatte. »Ich werde Dir Dein Pferd und alles, was Du brauchst, zur Herberge bringen lassen, Natalie, vor allem Dein weißes Kleid.«

In der Herberge erhielt Natalie eine ruhige Kammer unter der Dachspitze. Gilbert, Nicole und Manuela wechselten einander in der Pflege ab. Schon am vierten Tage war es so weit, daß Natalie einen Halbtagesritt vertragen konnte, und die Reise zu einem neuen Anfang begann.

5. Kapitel

DAS VERMÄCHTNIS DES MEISTERS

Gut zweieinhalb Wochen hatte es gedauert, dann ritt man durch das Stadttor, das Gilbert bei seiner Flucht nicht hatte benutzen können. Er freute sich schon auf das Wiedersehen mit seiner Mutter, während die Herzen Natalies und Manuelas immer merklicher klopften, je näher sie dem Ziele kamen. Wie würde Gilberts Mutter sie empfangen? Gewiß ersehnte sie nichts anderes als die Rückkehr ihres Sohnes und würde mitgebrachte Gäste lediglich als Störung und als Beeinträchtigung der Wiedersehensfreude empfinden.

Wer konnte es der Mutter verübeln, daß sie zuerst Gilbert in ihre Arme schloß? Tatsächlich machte sie ein ganz betroffenes Gesicht, als ihr der Vater die zwei fremden Mädchen als frühere Novizinnen vorstellte. Er und Gilbert hätten sie mitgenommen, weil sie sich im Kloster todunglücklich gefühlt hätten. Weiteres könne Gilbert im Laufe des Tages erzählen. Nach der Reise bedürfe man dringend einer Stärkung.

Bereits bei Beginn des Essens wurde der Mutter deutlich, daß eines der beiden Mädchen Gilbert nicht gleichgültig war. Er setzte sich wie selbstverständlich zur Linken Natalies und kümmerte sich um ihr leibliches Wohl viel mehr, als es bloße Höflichkeit verlangt hätte.

Auf Bitten des Vaters berichtete Gilbert von der abenteuerlichen Flucht. Bei den Ereignissen auf der Burg tauchte auch Natalies Name auf. Als er auf die Untat Ritter Roberts zu sprechen kam, vermochte sie ihre Tränen nicht mehr zurückzuhalten. Gilbert nahm ihre Hand und bat um Verzeihung, er hätte den Tod der Gräfin Eugenie wohl besser nicht erwähnt. Seine Mutter aber stand auf, streichelte Natalie die Wangen und versuchte, sie zu trösten: »Wir können das Unglück nicht ungeschehen machen, wollen uns aber alle bemühen, Euch die Lebensfreude wiederzugeben.«

»Ihr wißt nun, daß Natalie von einer Burg stammt«, ließ der Vater sich vernehmen, »ich möchte anfügen, daß Manuela das zweite von neun Kindern eines Stellmachers und seiner kränklichen Frau ist. Zwei ihrer Schwestern helfen der Mutter. Manuela wäre, würden wir sie nach Hause schicken, ein unerwünschter zusätzlicher Esser.

Wir sollten sie bei uns behalten. Sie kann im Hause zur Hand gehen und außerdem mit Hilfe Nicoles ihre reichlich geringen Kenntnisse im Lesen und Schreiben verbessern. Ich werde ihren Eltern Nachricht geben, daß sie sich keine Sorgen zu machen brauchen. Doch ich sehe, wir haben schon späten Nachmittag. Wir müssen unbedingt das Haus von Nostradamus besichtigen, solange die Sonne scheint. Kommt bitte mit.«

Gleich beim Eintritt stellte Gilbert fest, daß der Steinfußboden im Erdgeschoß kurz vorher geputzt worden war. Man ging durch die Zimmer, und auf Truhen, Tischen, Stühlen und Leuchtern konnten die Besucher nicht den geringsten Staub entdecken. Alles war aufgeräumt. »Hier könnte ich ja schon morgen meine ärztliche Tätigkeit aufnehmen«, sagte Gilbert bewundernd, »es ist sehr lieb von Euch, daß Ihr das Haus in Ordnung gebracht habt.«

»Die Hauptsache ist im ersten Stockwerk«, antwortete der Vater und ging voran. Er öffnete die Tür zum großen Wohnraum, und Gilbert, der ihm folgte, rief verwundert: »Was ist denn das? Woher hat Nostradamus diesen gewaltigen Kamin bekommen? Er hat genau so schöne bunte Kacheln wie der bei Familie Ronsard.«

»Nostradamus hat ohne Dein Wissen die Kacheln durch seinen Freund beschaffen und einen neuen Kamin bauen lassen. Die Briefe an Ronsard hat er meinem Boten mitgegeben. Schau Dir die Kacheln genau an, vor allem die zwei ovalen, eine an der linken, die andere an der rechten Seite.«

»Natalie, das mußt Du Dir ansehen«, sagte Gilbert erregt und zeigte auf die linke Seite des Kamins. »Das ist der Waldsee mit seinem tiefblauen Wasser, mit den goldenen

Schwänen in der Mitte, mit Teichrosen und Schilfgras zu beiden Seiten, vorn die grüne Wiese und hinten der dunkle Wald. Ein wahrer Künstler hat das geschaffen!«

Natalie wußte nicht, was sie erwidern sollte, so überwältigt war sie.

»Den Waldsee habe ich ebenfalls sofort erkannt«, meinte der Vater, »was allerdings die ovale Kachel auf der anderen Seite darstellt, kann ich mir nicht denken.«

Neugierig gingen alle um den Kamin herum. Die Kachel hatte in der Mitte eine goldene Mauer, davor lag wieder eine Wiese, am Horizont stand eine rote Abendsonne, und über ihr schwebten graue Wolken mit einem grünlichen Schimmer, wie wenn sich die Wiese in ihnen spiegelte.

»Nostradamus hat auch mir geschrieben«, fuhr der Vater fort. »Er hat Gilbert und Natalie ins Herz geschlossen und nur für Euch beide den Kamin errichten lassen. Ihr möget ihn als Hochzeitsgeschenk betrachten, denn Ihr werdet, so behauptet er, schon in drei Monaten heiraten. Er soll Euch in kalten Jahreszeiten wärmen und zugleich an den zauberhaften Waldsee erinnern. Die rechte Kachel birgt ein Geheimnis. Er wird es bei der Hochzeitsfeier lüften, sofern er ungefährdet durch die Inquisition erscheinen kann.«

»Weshalb habe ich von den Hochzeitsplänen nicht rechtzeitig erfahren?« fragte die Mutter erschrocken.

»Ach Marianne«, entgegnete der Vater, »Nostradamus hat mich ausdrücklich gebeten, die Neuigkeiten der Familie am Tage unserer Heimkehr zu eröffnen. Du hast noch genügend Zeit, Deine Schwiegertochter kennenzulernen und die notwendigen Vorbereitungen zu treffen.«

»Du hast keine Ahnung, was auf mich zukommt«, gab die Mutter zurück, »nach dem, was auf der Burg geschehen ist, kann die Hochzeit dort gar nicht stattfinden, nicht wahr, Natalie?«

Natalie nickte zustimmend und dankbar, Gilbert aber hatte Verständnis für die Aufregung seiner Mutter. »Wir werden Dir alle helfen«, erklärte er, »sei nicht böse. Natalie und ich konnten nicht wissen, daß Nostradamus unsere Hochzeit ohne viel Federlesens auf drei Monate nach unserer Ankunft festlegen würde. Im Gegenteil, ich habe ihrem Vater versprochen, wir würden ihr ein halbes Jahr Zeit einräumen, sich an das Leben in unserer Familie zu gewöhnen. Sie mag selber entscheiden, ob sie mit der Verkürzung der Probezeit einverstanden ist.«

»Mich brauchst Du nicht zu fragen, Gilbert, ich weiß jetzt schon, daß ich Dich nicht lassen kann.«

Mit diesem Ausspruch hatte Natalie die Lage unmißverständlich geklärt. Die Familie wußte, woran sie war, in drei Monaten würde Hochzeit gefeiert werden.

Am Abend erzählte Gilbert ausführlich von seinem Aufenthalt im Kloster des Abtes Godefroy. Den Besuch im Kloster der Äbtissin Severa erwähnte er nur kurz, um nicht unnötig böse Erinnerungen bei Natalie und Manuela zu wecken. Es reichte aber vollkommen, um aufzuzeigen, daß die zwei Novizinnen dem Kloster nicht ohne Grund den Rücken gekehrt hatten.

Die Reisenden waren müde, und so ging man bald zu Bett. Natalie und Manuela erhielten je eine Schlafkammer für sich, was bei der Größe des Hauses keine Schwierigkeiten bereitete. Das getrennte Schlafen erwies sich indessen, soweit es Natalie betraf, als folgenschwer. Schon in den Herbergen, in denen sie mit Manuela in einem Bett schlief, war ihre Freundin mehrere Male durch Natalies Stöhnen in ihrem Schlummer gestört worden. In dieser Nacht jedoch weinte sie und schrie so laut auf, daß alle anderen Schläfer davon erwachten. Erst als Manuela zu ihr ins Bett schlüpfte und ihr gut zuredete, beruhigte sie sich.

Am Morgen fragte die Mutter Natalie, ob es ihr wieder besser ginge und ob vielleicht die fremde Umgebung ihr zugesetzt hätte. »Ich würde auf der Burg eher schlechter schlafen«, gab Natalie zur Antwort, »es sind immer dieselben schemenhaften Gestalten, die mich des Nachts verfolgen. Entweder sehe ich meine Mutter durch den Wald reiten, und in dem

Augenblick, in dem sie im Dunkel verschwindet, höre ich Ritter Roberts Messer klirrend an einem Felsen hinunterfallen, oder Mater Severa schwebt als graue Wolke über mir und ermahnt mich unablässig, ja nicht vom Pfad der Tugend und Heiligkeit abzuweichen. Eine dritte Erscheinung ist die Novizenmeisterin. Sie gibt mir jedes Mal die schwersten und schmutzigsten Arbeiten auf und rät mir dringend, ein freundlicheres Gesicht zu machen, sonst würde ich die rechte Demut nicht lernen. Sobald ich diese Traumgestalten wahrnehme, gebe ich wohl irgendwelche Laute von mir. Es ist mir schrecklich, daß ich nichts dagegen tun kann.«

»Komm tagsüber mit mir ins Haus von Nostradamus«, schlug Gilbert ihr vor, »einige Patienten werde ich dort untersuchen und behandeln. Du könntest im Keller Tees, Tinkturen, Pulver, Pasten, Salben und andere Heilmittel herstellen und sie nach meiner Weisung den Kranken verabreichen. Dabei darfst Du allerdings nicht wie im Kloster mit hängendem Kopf und niedergeschlagenen Augen umhergehen, sondern Deine Freundlichkeit und Fröhlichkeit müssen auf alle Patienten ausstrahlen. Das wird Dir helfen, die düsteren Erinnerungen zu vertreiben.«

»Gilbert«, mischte sich die Mutter in die Unterhaltung, »Dein Rezept für Natalie wird seine Wirkung haben, doch sollten wir es dabei nicht bewenden lassen. Wir werden ein zweites Bett in Natalies Kammer aufstellen, in dem Nicole und Manuela abwechselnd schlafen können. Dann ist Natalie nachts nicht mehr allein.«

Es stellte sich schnell heraus, daß die Fürsorge der Mutter für ihre künftige Schwiegertochter nur zu begründet war. Natalie schlief weiter sehr unruhig und stöhnte zuweilen. Wenn aber Nicole oder Manuela sie tröstete, entschwanden die dräuenden Gestalten.

Tagsüber war es die Gegenwart Gilberts, die Natalie die Träume vergessen ließ und ihr dazu verhalf, den Kranken unbeschwert zu begegnen. Es freute sie besonders, daß sie die Zuneigung der Kinder wie im Fluge zu erobern vermochte.

Nicht selten hegte sie den Verdacht, daß die kleinen Patienten Kopf oder Bauchweh nur noch vortäuschten, um wiederkommen und mit ihr lachen zu können.

Es waren gerade drei Wochen vergangen, da traten zwei Männer in Nostradamus' Haus, die nach ihrer Mundart und ihrer Reiterkleidung von einem anderen Ort stammten. »Ist der Herr Doktor zurückgekehrt?« fragten sie.

»Wenn Ihr eine Antwort erwartet, müßt Ihr schon verraten, wer Ihr seid und was Ihr wünscht«, entgegnete Natalie, die in der Eingangshalle Medikamente ausgab.

Die zwei Männer schauten einander verdutzt in die Augen. Einen solchen Empfang waren sie nicht gewöhnt. »Der hochwürdige Commissarius der Inquisition hat uns geschickt«, erklärte der kleinere von beiden, »wir suchen Nostradamus.«

»Und was wollt Ihr von ihm? Das Verfahren gegen ihn ist doch eingestellt?«

»Er wird vom Commissarius aufgefordert, seine Schriften und Bücher abzuholen oder anzugeben, wo wir ihm sie aushändigen können.«

Die letzten Worte hatte Gilbert, der bei dem Wortwechsel aus seinem Zimmer getreten war, verstanden, und er wußte gleich, um was es sich handelte. »Nostradamus hält sich weit von hier entfernt auf«, sagte er ungehalten, »warum bringt Ihr die Sachen nicht dorthin zurück, von wo Ihr sie genommen habt, das heißt in dieses Haus?«

»Wir dürfen sie Nostradamus nur persönlich übergeben, teilt ihm das bitte mit.«

»Es tut mir leid, mit der Übermittlung von Nachrichten der Inquisition habe ich schlechte Erfahrungen gemacht. Ich bin auch nicht Euer Bote. Laßt mich aus dem Spiel.«

Mißmutig begaben sich die beiden Männer wieder auf die Straße. Einige Patienten blickten ihnen erschrocken nach, während Gilbert seiner Braut ins Ohr flüsterte: »Mit der Einladung zur Hochzeit müssen wir Nostradamus von diesem Besuch unterrichten. Er wird ihn zur Vorsicht mahnen. Ich möchte nicht schuld daran sein, wenn die Inquisition ihn wegen neuer Anzeigen von Seiten seiner Neider und Verleumder bei unserer Hochzeitsfeier festnehmen sollte.«

Als Gilbert zu Hause danach fragte, wen man denn einladen solle, holte der Vater eine lange Liste von Verwandten, Freunden und Bekannten. Auch Nostradamus und Familie Ronsard waren darin enthalten. Angehörige und Freunde Natalies waren noch nicht berücksichtigt. »Es ist wirklich lieb von Euch, daß Ihr die Hochzeit ausrichten wollt«, sagte sie dankbar, »wenn ich von meiner Seite aus Gäste vorschlagen darf, so möchte ich meinen Vater nennen, meine Geschwister, selbst wenn sie mir nicht wohlgesonnen waren, und Gräfin Ariane, der ich den Hut nicht hätte vom Kopf schießen dürfen. Sie sollen sehen, wie gut Ihr es mit mir meint.«

»Deine Wünsche nehmen sich recht bescheiden aus, mein Kind. Deinem Vater werde ich als erstem eine Einladung durch einen Boten schicken, der anschließend zu Nostradamus reiten soll. Ich hoffe, er wird von beiden eine Zusage mitbringen.«

Nach fast vier Wochen kehrte der Bote mit zwei Briefen zurück.

Graf Edmond schrieb, er sei ganz gerührt, daß Gräfin Ariane miteingeladen sei, das habe er nicht für selbstverständlich gehalten. Sie hätten sich beide nachträglich Gewissensbisse gemacht, daß sie Natalie zu Äbtissin Severa gegeben hätten, und hofften auf eine Versöhnung am Hochzeitstage.

Nostradamus dagegen drückte sein tiefstes Bedauern aus, daß er die Einladung nicht annehmen könne. Er habe eine sehr vornehme Familie Treblig kennengelernt, der er versprochen habe, ausgerechnet am selben Tage an einer auch für ihn bedeutsamen Veranstaltung teilzunehmen. Er werde aber dafür sorgen, daß das Geheimnis der goldenen Mauer bei der Feier gelüftet werde.

Gilbert machte verständlicher Weise ein enttäuschtes Gesicht. Natalie ließ sich das Schreiben geben, und nach kurzem Nachdenken sagte sie zu ihrem Bräutigam: »Dreh

Dich bitte um.« Dieser gehorchte unsicher und mißtrauisch, und im selben Augenblick fing der Vater lauthals zu lachen an.

»Was gibt es eigentlich zu lachen?« fragte die Mutter, »ist es nicht traurig, daß Nostradamus abgesagt hat?«

»Lest doch einmal die Buchstaben des seltsamen Namens in umgekehrter Reihenfolge«, bat Natalie.

»So ein Schalk!« rief Gilbert, »mein eigener Meister hat mich auf's Glatteis geführt, und Natalie war schneller als ich.« Vor Begeisterung umarmte er seine Braut vor aller Augen, was er bis dahin nicht getan hatte.

»Nostradamus hat sich den Spaß nicht ohne tieferen Grund gemacht«, ergänzte der Vater. »Wäre sein Brief der Inquisition in die Hände gefallen, wäre diese nicht gleich mit der Nase darauf gestoßen worden, daß er uns besuchen will. Er ist sehr vorsichtig, möglicherweise zu vorsichtig.«

In der nächsten Zeit war die Familie wie von einem Fieber erfaßt, so sehr nahmen sie die Vorbereitungen für die vor der Tür stehende Hochzeit in Anspruch. Der Pfarrer mußte verständigt werden, im besten Wirtshaus wurde für das Festmahl mit zahlreichen geladenen Gästen ein Saal bestellt, die Speisenfolge bedurfte einer sorgfältigen Auswahl und die Musik sollte nicht zu kurz kommen. Die Mutter drängte darauf, daß der Schneider anläßlich dieses besonderen Ereignisses für die gesamte Familie eine festliche Kleidung anfertigte. Sie fand allerdings keine Gegenliebe bei Natalie, weil diese nachdrücklich darauf bestand, zur Erinnerung an ihre Mutter das mitgebrachte weiße Kleid mit goldenen Bordüren anzuziehen. Um so mehr freute sich Manuela, daß sie, obgleich sie eigentlich nicht Mitglied der Familie war, aus feinem Tuch ein langes gelbblaues Kleid mit blauem Umhang bekam.

Als die Glocken den großen Tag einläuteten, waren die Mutter und Natalie als erste auf den Beinen. Während Natalie einen versonnenen Eindruck machte, war die Mutter schrecklich aufgeregt, überlegte zum hundertsten Male, ob sie nichts vergessen hätte, und prüfte immer wieder, ob die neuen

Kleider auch säßen. Nicht viel weniger erregt waren Nicole und Manuela. Sie sollten die Ankunft von Natalies Angehörigen, von Nostradamus und von Familie Ronsard melden, die man gebeten hatte, noch vor der Trauung im Hause des Notars eine Stärkung zu sich zu nehmen.

Der Graf und Ronsard trafen nacheinander mit ihren Familien ein, nur Nostradamus fehlte. Schließlich mußte man ohne ihn mit den bereitstehenden Pferdewagen zur Kirche fahren. Diese war von einer großen Menge dicht gefüllt. Geladene Gäste mischten sich mit zahlreichen Neugierigen, die das Ritterfräulein sehen wollten, von dem man sich in der Stadt schon viel erzählt hatte. Sie wurden nicht enttäuscht. Als Natalie am Arm ihres Vaters das Kirchenportal durchschritt, gab es ein Geraune und Tuscheln unter den Zuschauern. Ein so schönes Kleid hatte in der Stadt noch keine Braut getragen, und vom Vater hatte sie einen goldenen Reif zum Halten des Schleiers und eine golddurchwirkte Schleppe bekommen. »Sie ist wie eine Königin«, hörte man sagen, und damit hatten die Leute recht. Gilbert war vielen als Arzt bekannt. Sie waren sich einig, daß er mit seiner aufrechten Haltung und dem schwarzen Bart seinem Meister an Würde nahezu gleichkam und eine so schöne Braut wie Natalie durchaus verdiente.

Zur Trauung trat das Paar vor den Altar. Der Priester freute sich, daß es einen tiefglücklichen Eindruck machte. Als es indessen niederkniete, mußte der Bräutigam die Braut stützen, damit sie nicht umfiel. »Ist Dir nicht gut?« fragte er leise. »Es war nur ein Traum, der mich überkam«, gab sie zur Antwort, »es ist schon vorbei.«

Während der weiteren Zeremonie und der ganzen Feierlichkeit ließ Natalie kein Anzeichen von Schwäche mehr erkennen. Strahlend ging sie mit ihrem Gemahl durch die Menge zum Kirchenportal zurück und winkte manchem Patienten freundlich zu, der nicht zuletzt ihretwegen bei der Trauung hatte zugegen sein wollen.

Rätselhaft blieb, weshalb Nostradamus immer noch nicht

eingetroffen war. Wollte er bloß am abendlichen Festmahl teilnehmen? Würde er sich inzwischen im Hause des Notars einfinden? Oder war ihm etwas Schlimmes zugestoßen?

Vor Beginn des Mahles wartete Gilberts Vater, nachdem fast alle Gäste anwesend waren, eine Weile auf Nostradamus und ließ die Musik aufspielen. Doch schließlich ging es nicht anders, die ersten Speisen wurden aufgetragen, der Wein wurde eingeschenkt und der Notar begrüßte auch im Namen des Brautvaters die Gäste. Kaum war er damit fertig, als eine Magd hinzutrat und ihn fragte: »Wo ist Nostradamus? Zwei Männer stehen vor der Tür und wollen ihn unbedingt sprechen.«

»Sie brauchen sich nicht zu bemühen«, gab Gilberts Vater ärgerlich zurück, »er ist nicht da.«

Es verging eine Weile, da öffnete sich eine Nebentür und ein Herr mit schwarzem Bart kam herein. Es war der lang vermißte Nostradamus. »Verzeiht meine Verspätung«, sprach er zum Notar, »ich hatte erhebliche Schwierigkeiten auf meiner Reise.« Er begrüßte die Familien der neu Vermählten, besonders herzlich natürlich das Brautpaar selbst, nicht ohne zugleich die Segenswünsche des Abtes Godefroy zu übermitteln. Danach wandte er sich erneut an Gilberts Vater: »Ich habe ein Ansinnen an Euch und alle hier Versammelten. Da ich nicht bis zum Ende der Feier bei Euch bleiben kann, würde ich gern so bald wie möglich dem jungen Paar meine Glückwünsche aussprechen.«

»Es gibt wohl niemanden in diesem Saal, der es sich nicht zur Ehre anrechnen würde, Euren Worten zu lauschen, Nostradamus. Also beginnt.«

»Liebes Brautpaar«, sprach Nostradamus mit bewegter Stimme, »es wäre mir eine große Freude gewesen, einige Zeit mit Euch an meinem alten Wohnort zu verbringen. Das Schicksal will es anders. Ich wünsche Euch, daß Ihr gemeinsam ein sehr viel glücklicheres Leben führen werdet, als es Natalie zuletzt beschieden war. Um meinen Beitrag zu Eurem Glück zu leisten, dürft Ihr in meinem Hause wohnen, bis Ihr eines Tages vielleicht etwas Besseres finden werdet. Ihr konntet bereits den Kamin betrachten, den ich für Euch mit Hilfe meines Freundes Ronsard habe bauen lassen. Ich denke, die Kachel mit dem Waldsee wird Euch gefallen. Auf der anderen Seite des Kamins habt Ihr eine Kachel mit einer goldenen Mauer gesehen. Das gleiche Bild findet Ihr auf diesem Amulett, das ich Natalie umbinden werde. Für die Anwesenden, welche die Einzelheiten nicht zu erkennen vermögen, gebe ich eine Beschreibung. Am Horizont über der Mauer steht die glühendrote Abendsonne. Es ist die Lebenszeit, die heute für Euch zu Ende geht. Am Himmel hängen Wolken, die sich langsam verziehen. Vor der Mauer liegt eine schöne Wiese, auf der Ihr in die Zukunft schreitet. Doch hinter der Mauer lauert ein seltsames Wesen, das Natalie bedroht. Es hat einen riesigen Schlangenleib, ein menschliches Antlitz und auf dem Haupt statt der Haare kleine Schlangen, so ähnlich wie nach der Sage bei der Medusa. Wer dieses Wesen sein mag, wollt Ihr wissen? Es ist die Göttin der Vergangenheit, die Natalie düstere Träume schickt und versuchen wird, sie auf ihrem künftigen Wege einzuholen. Sie würde sie umschlingen, wenn ihr das gelänge, die Bisse der Schlangen würden Natalie lähmen, und sie würde nur noch in der Vergangenheit leben. Solange sie aber das Amulett am Halse trägt, hat die Göttin keine Macht, und Natalie kann nichts Böses geschehen. Vergebt mir bitte, wenn ich Euch erschreckt habe, ich mußte es tun, um Natalie zu beschützen. Wenn allerdings die Liebe Gilberts zu seiner Gemahlin stark genug ist, wird die Göttin der Vergangenheit im Laufe der Zeit zu einem harmlosen Wurm zusammenschrumpfen, der Natalie nichts mehr anhaben kann.«

Trotz des tröstlichen Schlusses der Rede herrschte betretenes Schweigen, das von niemand anders als von Natalie selbst durchbrochen wurde. Sie stand auf und reichte Nostradamus die Hand. »Meister, das Amulett ist wunderschön, ich werde es gerne tragen. Ihr habt recht, daß ich einen solchen Schutz benötige, und Eure Worte über die Mauer und die Göttin

werde ich voll Vertrauen und ohne Furcht in meinem Herzen aufbewahren.«

Die Gäste klatschten Beifall, und man konnte nicht unterscheiden, ob er mehr der Ansprache des Nostradamus oder der unerschrockenen Erwiderung Natalies galt. Das nachfolgende Gespräch im Saal betraf jedenfalls fast ausschließlich den berühmten Seher und Arzt. Man machte sich Gedanken darüber, warum er überhaupt nicht zur Trauung und erst verspätet zum Hochzeitsfest erschienen war. Das Verfahren der Inquisition, das hatte sich herumgesprochen, war doch eingestellt worden. Oder handelte es sich hierbei um ein Gerücht, welches den Tatsachen nicht entsprach? Hing das Verfahren etwa mit der Lehre von der Göttin der Vergangenheit zusammen, die man soeben vernommen hatte? Sollte man es wagen, ihn danach zu fragen? Doch dazu kam es nicht. Nostradamus nahm Gilbert am Arm und ging mit ihm zur Tür hinaus, die er zuvor benutzt hatte. Traurig sah er seinem Freund und jüngeren Kollegen in die Augen. »Ich muß Euch erzählen, Gilbert, was ich erlebt habe. Vor drei Tagen konnte ich in der Stadt, in der unsere Inquisition ihren Sitz hat, von ferne die Hinrichtung von Ketzern auf dem Scheiterhaufen beobachten. Es war für mich keine Überraschung, auch den Commissarius zu entdecken. Ein Bekannter, der es wissen muß, warnte mich vor ihm. Er sei geradezu darauf versessen, wohlhabende und angesehene Bürger der Folter zu unterwerfen und dem Tode auszuliefern. Ich dürfe ihm trotz der Einstellung des Verfahrens nicht über den Weg trauen. Was sollte ich tun? In der Abenddämmerung ritt ich in diese Stadt und nächtigte bei einem Freund. Lange vor der Trauung begab ich mich in die Nähe der Kirche und sah bald darauf zwei verdächtige Männer hineinschleichen. Dieselben standen heute Abend neben dem Eingang zum Wirtshaus und machten sich erst wieder davon, als sie die Auskunft erhielten, ich sei nicht da. Falls sie hartnäckig genug sind, kehren sie vor Beendigung der Hochzeitsfeier zurück.«

»Was bedeutet, daß Ihr die Stadt zum zweiten Male bei Nacht verlassen werdet und wir uns verabschieden müssen?«

»Zu meinem größten Bedauern, Gilbert. Ich werde mir einige Bücher vom weißen Turm holen und auf Umwegen das Kloster wieder aufsuchen. Lebt wohl und grüßt die Hochzeitsversammlung, vor allem Natalie, die mir an Eurem Hochzeitstage zum ersten Male leibhaftig begegnet ist.«

»Grüßt den Abt und gute Reise!« rief Gilbert ihm nach.

Die Feier nahm ihren Fortgang. Der Festschmaus, Musik, Gesang und Tanz verdrängten die Gedanken an die goldene Mauer und die Göttin der Vergangenheit. Nur Gilbert und Natalie konnten trotz ihres Glücks von ihnen nicht loskommen.

In der Stadt sprach es sich rasch herum, daß Nostradamus Natalie auf der Hochzeitsfeier ein seltenes Amulett geschenkt hatte. Da sie es bei Tag und Nacht am Halse trug, konnte sie nicht umhin, den Bitten der Patienten Folge zu leisten und es vorzuzeigen, bis es alle gesehen hatten. Sie tat es mit Geduld und aus Dankbarkeit gegenüber Nostradamus, weil ihr keine nächtlichen Traumgestalten mehr erschienen. In der Sommerhitze wurde ihr das Tragen des Amuletts jedoch lästig, und sie legte es bei Nacht auf einen Hocker. Mitten im tiefen Schlaf begann sie wieder zu stöhnen und zu weinen. Gilbert erwachte dann, und dank seiner Zärtlichkeit verflüchtigten sich nach und nach die Schatten früheren Erlebens.

Natalie versuchte es nochmals und nochmals, aber erst im dritten Sommer gelang es ihr, ohne das Amulett auszukommen. Beim Einschlafen sah sie nämlich die Göttin der Vergangenheit stets zu einem kleinen ohnmächtigen Glühwürmchen zusammengeschrumpft. Das konnte ihr die Ruhe nicht mehr rauben, selbst wenn es zuweilen bei finsterer Nacht auf den Zinnen der goldenen Mauer spazierenging.

ANHANG

ÜBERSICHT
ÜBER DAS LEBEN DES NOSTRADAMUS

Für Leser, die sich über das Leben des Arztes und Sehers näher unterrichten wollen, folgt nachstehend ein zusammenfassender Überblick. Einige Daten stellen mangels genauen Nachweises nur Annäherungswerte dar.

14. Dezember 1503	Geburt des Michel Nostredame, der sich später Nostradamus nannte, in **Saint-Remy-en-Provence**
1518 (?)	Aufnahme des Studiums an der päpstlichen Universität in **Avignon**, Unterbrechung 1520, wahrscheinlich wegen Ausbruchs der Pest (neue Epidemien 1525 und 1528)
1525 (?) bis 1529	Fortsetzung des Studiums an der Universität **Montpellier**, wegen der Pest wohl mit Unterbrechungen, Abschluß des Doktorexamens 1529
nach 1529	Niederlassung in **Agen**, zeitweilige Tätigkeit bei dem berühmten Arzt und humanistischen Philosophen Jules-César de l'Escalle (Scaliger); erste Heirat
Zwischen 1534 und 1536	Verlust von Frau und zwei Kindern durch eine tückische Krankheit (Diphterie?); Vorladung zum Inquisitionstribunal in **Toulouse**

Zwischen 1536 und 1543	Nostradamus verschwindet aus Agen, taucht 1539 kurz in **Bordeaux** auf, später Rückkehr aus dem damals luxemburgischen Kloster **Orval** (heute Belgien); hier wurden die »Prophezeiungen von Orval« verfaßt, angeblich von einem Arzt und Astrologen mit Namen Olivarius. Möglicherweise handelt es sich um ein Pseudonym von Nostradamus, das dieser von dem Namen Olivi abgeleitet hat. Franziskanerpater Petrus Johannis Olivi lebte im 13. Jahrhundert und war wie Nostradamus in der Provence beheimatet. Er machte – ähnlich Nostradamus – weit in die Zukunft reichende Prophezeiungen und stellte außerdem in Anlehnung an seinen Lehrer, den hl. Bonaventura, Lehren für das christliche Leben auf. Die Weissagungen und die Lehren wurden von der Kirche auf Veranlassung von Papst Johannes XXII nach dem Tode Olivis (1298) verurteilt. Dessen Lehren waren jedoch Vorbild für die französischen Beginen (Laiengemeinschaften). Die Beginen wurden als Häretiker von der Inquisition ausgerottet. In der Zeit nach dem Verschwinden von Nostradamus aus Agen bis 1540 leitete Abt Godefroy de Presseux das Kloster Orval, dessen Nachfolger war Abt Mathias del Vaux.
1543/44	Rückkehr von Nostradamus nach Südfrankreich, Tätigkeit in **Marseille** und **Aix-en-Provence**, später Niederlassung in **Salon-de-Provence**
1547	zweite Heirat

1548 bis 1550	Reisen in Italien (erneutes Ausweichen vor der Inquisition?)
1555	Erscheinen der ersten 7 Centurien (Prophezeiungen) in Lyon; Besuch bei König Henri II in Paris
1556	zweite Reise nach Italien
1558	Erscheinen weiterer 5 Centurien
1564	Besuch der Witwe des Königs, Katharina von Medici, mit ihrem Sohn bei Nostradamus
2. Juli 1566	Tod von Nostradamus in Salon-de-Provence

Literaturhinweise:

Allgeier, Die geheimen Heilrezepte des Nostradamus, Heyne Verlag, München 1982

Allgeier, Die großen Prophezeiungen des Nostradamus in moderner Deutung, 9. Auflage, München 1987

Ernst R. Ernst, Nostradamus, Vom Mythos zur Wahrheit, H. Böhlaus Nachf., Graz-Wien 1986

Fortbrune, Was Nostradamus wirklich sagte, Ullstein Verlag, Frankfurt/M.-Berlin 1989

Raphael J. Bosch: Der Schattenkopf und andere mysteriöse Geschichten.
1. Auflage 1989. 108 Seiten mit Illustrationen.
Paperback DM 12,80. ISBN 3-89228-355-9

Die mysteriösen Geschichten wollen mit abenteuerlichen Begebenheiten unterhalten und zugleich zum Nachdenken darüber anregen, was wirklich oder unwirklich ist. Es gibt so manche Wahrheiten, die sich dem gleißenden Licht des Vordergründigen entziehen und nur erkennbar werden, wenn man ihre Schatten im Hintergrunde näher in Augenschein nimmt. »Der Schattenkopf« ist ein Beispiel dafür.
In allen Geschichten kommen Ereignisse vor, die mit den bisher erforschten Naturgesetzen nicht zu erklären sind. Die tatsächlich oder scheinbar unwirklichen Vorgänge können jedoch durchaus symbolischen Gehalt besitzen.
Die letzte Geschichte greift über das Leben auf der Erde hinaus in das Weltall. Sie zeigt, wie merkwürdig sich die Menschen verhielten, als sie vor Jahrhunderten und Jahrtausenden von hochstehenden und gutmeinenden Lebewesen, deren Heimat ein fremder Planet war, Besuch erhielten.

Haag + Herchen Verlag · Fichardstraße 30
6000 Frankfurt/M. 1

Raphael J. Bosch: Die Truhe über dem Kamin und andere mysteriöse Geschichten

1. Auflage 1990. 110 Seiten mit Illustrationen. Paperback DM 12,80. ISBN 3-89228-411-3

Wirklichkeit und Unwirklichkeit, Glaube und Aberglaube, Geist und Ungeist sowie ein historisches Milieu, das ist der Rahmen, in dem sich die sieben Geschichten dieses Buches abspielen. Es ist weit entfernt von den aktuellen Tagesmeldungen und Tagesmeinungen, die uns in unserer technisierten und hektischen Welt überfluten. Die Erzählungen wollen den Leser anregen, den verborgenen Rätseln des Lebens ein wenig auf die Spur zu kommen und bilden eine Ergänzung zu dem vorhergehenden Band.

Haag + Herchen Verlag · Fichardstraße 30
6000 Frankfurt/M. 1